小儿推拿
保健师培训教材

XIAOER TUINA BAOJIANSHI
PEIXUN JIAOCAI

陈辰◎编著

中国工人出版社

图书在版编目（CIP）数据

小儿推拿保健师培训教材 / 陈辰编著. —北京：中国工人出版社，2017.6
ISBN 978-7-5008-6737-1

Ⅰ.①小…　Ⅱ.①陈…　Ⅲ.①小儿疾病—推拿—技术培训—教材　Ⅳ.①R244.15

中国版本图书馆CIP数据核字（2017）第133020号

小儿推拿保健师培训教材

责任编辑　李素素
责任校对　赵贵芬
责任印制　栾征宇
出版发行　中国工人出版社
地　　址　北京市东城区鼓楼外大街45号　邮编：100120
网　　址　http://www.wp-china.com
电　　话　（010）62005043（总编室）　（010）62005039（出版物流部）
（010）62382916（职工教育分社）
发行热线　（010）62005996　（010）82075964（传真）
经　　销　各地书店
印　　刷　北京美图印务有限公司
开　　本　710毫米×1000毫米　1/16
印　　张　12
字　　数　150千字
版　　次　2017年10月第1版　2022年10月第12次印刷
定　　价　30.00元

出版说明

小儿推拿属于中医外治法的一种，以阴阳五行、脏腑经络等学说为理论指导，运用各种手法刺激穴位，使经络通畅、气血流通，以达到调整脏腑功能、治病保健的目的。作为中华优秀传统医学的组成部分，小儿推拿有着悠久的历史。早在秦汉时期，小儿推拿就已萌芽。但是到了近代，由于片面低估传统医学和崇倡西洋医学曾一度风行，导致小儿推拿进入缓慢发展期。近年来，由于大众对西医药物副作用的担忧，尤其是抗生素的滥用，使得小儿推拿作为一种无痛、无副作用的传统疗法，再一次得到发展，并为大众广泛接受。

小儿推拿因地域、历史等原因，有南北派之分，在不同的地区各具特色。本书集各家所长，通过临床实践将小儿推拿心法融入其中。推拿是阳，心法是阴，阴阳结合才能相得益彰。小儿五脏通灵，推拿手法更易直接作用于小儿。

本书由“红墙”品牌创始人陈辰主笔撰写，结合“红墙”月子护理的实战经验，继承了“红墙”培训教材“标准、全面、务实、简明”的一贯特点。全书共分为八章，内容涵盖小儿推拿保健师职业概述、小儿推拿的作用原理、小儿推拿的中医渊源、小儿推拿的操作要求、小儿推拿的手法、小儿推拿的常用穴位、小儿常见疾病的推拿治疗和小儿日常保健推拿法。

全书以传承中医文化和现代科学育儿知识为指导理念，以理论和实践手法为特点，以帮助广大小儿推拿从业人员和家长快速掌握小儿推拿方法为基本目的，以期将小儿推拿手法发扬光大，让小儿推拿走进千家万户。

目录

上篇　基础知识篇

下篇　实操技能篇

上　篇

基础知识篇

- 小儿推拿保健师职业概述
- 小儿推拿的作用原理
- 小儿推拿的中医渊源
- 小儿推拿的操作要求

第一章

小儿推拿保健师职业概述

本章学习目标

1. 了解小儿推拿保健师的基本职责。
2. 了解小儿推拿保健师的职业发展前景。
3. 掌握小儿推拿保健师的从业要求。
4. 熟记小儿推拿保健师上岗前的注意事项。

第一节 小儿推拿保健师的岗位认知

一、小儿的概念界定

根据小儿的生长发育规律，掌握各年龄阶段小儿的生长发育特点、发病特征及养护要点，对指导小儿保健和防治疾病具有重要的临床意义。

（一）胎儿期

从受精卵形成到分娩的40周，称为胎儿期，其周龄称为胎龄。在胎儿期，胎儿完全依靠母体生存，母体的营养、环境、情绪、疾病等因素均影响胎儿的生长发育。由于胎盘和脐带的异常或其他原因引起的胎儿缺氧、感染等，或孕妇营养不良、吸烟、酗酒、心理创伤等不利因素均可能引起胎儿生长发育障碍，并可能导致死胎、流产、早产或先天畸形等，因此，加强孕期保健和胎儿保健十分重要。

（二）新生儿期

从出生后脐带结扎到满28天，为新生儿期。新生儿期的小儿刚脱离母体，内外环境发生了剧烈变化，由于其生理调节和适应能力还不够成熟，具有容易患病、死亡率高的特点。这一阶段的病症多为产伤、窒息、先天畸形等。因此，新生儿的喂养、保暖、隔离、消毒、护理、防止皮肤黏膜损伤等工作都尤为重要。

（三）婴儿期

从出生28天到满1周岁为婴儿期，又称乳儿期。婴儿期为小儿出生后生长发育最为迅速的时期。1周岁时，小儿体重为出生时的2~3倍，身长为出生时的1.5倍，因此，对营养的需求量高。但因小儿脾常不足，消化吸收功能尚不完善，若喂养不当，易发生呕吐、腹泻及营养不良等脾胃系病症。处于这一阶段的小儿免疫功能尚未发育成熟，抗病力弱，易感外邪而致肺系病症及急性热病，应按时接种疫苗。

（四）幼儿期

从1周岁到3周岁，为幼儿期。幼儿期的小儿体格增长较前期缓慢，随着活动范围增大，接触成人和事物增多，在语言、动作及表达能力等方面发展迅速，但对各种危险的识别能力不足。发病以外感热病、肺系病症，如咳嗽、肺炎等居首，其次是脾胃系病症，如腹泻、厌食等。因此，要注意按时断乳及断乳后的合理喂养，加强锻炼，按时接种疫苗，积极防治传染病。

（五）学龄前期

从3周岁至6周岁，为学龄前期，又称幼童期。学龄前期的小儿体重增长减慢，而身高增长加快，语言能力快速提高。这一阶段的小儿好奇多问，模仿性强，具有高度可塑性，应加强德育教育，培养良好生活习惯。在这一阶段，小儿对疾病的抵抗能力有所增强，但因接触面广，仍可发生传染病和各种意外，并易患免疫性疾病，如急性肾炎、风湿热等，因此，应做好疾病的防治工作。

（六）学龄期

从6周岁到12周岁，为学龄期，又称儿童期。学龄期小儿除生殖系统外，其他器官的发育逐渐接近成人，控制、理解、分析、综合能力增强，对各种传染病的抵抗能力也增强，发生疾病的种类及其表现基本接近成人，应加强对其德、智、体、能等多方面的教育。

二、岗位概述

小儿推拿保健师是在中医基本理论的基础上，根据小儿的生理和病理特点，运用小儿推拿疗法在其体表特定的穴位或部位，采用推、拿、提、捏、揉等手法进行治疗，通过手的力量和技巧调节小儿机体，从而达到小儿保健目的的专业护理人员。

小儿推拿疗法是指在小儿体表的特定腧穴或部位施行独特推拿手法以达到改善机体机能的一种保健方法，是中医推拿疗法的重要组成部分，是在中医推拿学和中医儿科学的基础上形成和发展起来的，可调节小儿各器官的生理功能，帮助其提高免疫力，防止身体出现亚健康。

目前，越来越多的家庭认识到小儿推拿的好处，小儿推拿保健师作为新兴的职业之一，也广受求职者关注。

三、岗位基本职责

作为家庭服务业岗位的一种，小儿推拿保健师的基本职责是为客户提供优质的服务，具体包括以下方面：

（1）熟练掌握中医学相关理论知识。

（2）爱岗敬业，善良忠诚，对小儿有爱心、耐心，认真负责。

（3）能准确判断小儿常见病的临床辨证。

（4）能独立处理小儿常见问题，并用推拿方法为小儿解决病况。

（5）能够熟练掌握中医按摩学相关康复方法，完成小儿康复评估方案和计划。

（6）手法、动作娴熟，取穴准确，可以为小儿提供有针对性的康复训练指导。

四、职业发展前景

当前，许多医院为了规避风险，减少长期医治的麻烦，经常采用西医口服药物或输液治疗的方式来为小儿医治疾病，导致小儿身体免疫力日渐下降。同时，现有的医学报告指出，若幼儿长期使用药物治疗疾病，将会导致药物颗粒更易侵入其血管，进而诱发肺、脑、肝、肾等部位相关疾病。

以抗生素为代表的抗菌药物的滥用已经成为我国医疗行业十分突出的问题。幼儿发烧多是由病毒感染引起，不需要用抗生素，但实际上，我国幼儿抗生素的使用比例要高于成人。小儿从一生下来就用抗生素，直接后果是体内长期带着耐药菌，一旦生病可能面临无药可用的局面。

随着社会的进步，人们的健康观念发生了巨大变化，许多家长也已经开始拒绝使用抗生素，更倾向于绿色疗法。小儿推拿是自然健康的保健方法，不仅能改善小儿机体的内能和环境，调节各脏腑器官的生理功能，达到提高免疫力、增强抗病能力、保健及防治小儿亚健康的目的，还具有益智的特殊效果。

为了让小儿远离抗生素的危害，很多家长都会选择让小儿做推拿，这使小儿推拿保健师这一职业变得越来越火爆。但是据调查，我国目前专业的小儿推拿保健师奇缺，因此，小儿推拿保健师将是未来最具前途的职业之一。

2016 年“二孩”政策的全面放开，将会使中国在未来几年内迎来生育高峰，婴幼儿数量持续增加，医院小儿推拿资源远远不能满足广大家长的需求。小儿推拿的功能是防病保健，到医院进行小儿防病保健推拿不但浪费医疗资源，而且会增加家长的经济负担。基于以上背景，小儿推拿符合家长和小儿的需求，有着广泛的就业前景和社会价值。

五、小儿推拿的培训背景

小儿推拿是幼儿教育与儿童健康领域的一大亮点，符合现代医学的发展方向和国家产业政策。2013 年小儿推拿被列入“国家基本公共卫生服务项目”，是中医药项目第一次进入“公卫”项目。国家大力支持发展“健康服务业”，而小儿推拿属于“健康服务业”中的“健康管理与促进”类。

在 2015 年全国“两会”上，全国人大代表、山东省济宁市政协副主席、济宁市工商联主席陈颖就“国民健康素质”这一话题提出了“尽快推广小儿推拿医术，降低对抗生素的过度使用，降低诊疗费用，确保婴幼儿体质健康”的建议案。建议案的提出也说明小儿推拿传承与发展契机的到来。

小儿推拿作为祖国的“瑰宝”，几千年来为促进小儿的健康发育做出了不可磨灭的贡献。小儿推拿和成人推拿的操作方式和技能要求有很大的区别，所以当前又细分出专业的小儿推拿保健师。虽然全国从事小儿推拿者甚多，但是水平良莠不齐，急需规范和专业培训。

经过小儿推拿理论和实践的专业培训并取得从业资质后，小儿推拿从业者可以开设小儿推拿保健工作室，或者在小儿推拿保健服务机构、针灸推拿按摩院、母婴服务机构、社区服务中心、社区医疗服务机构、亲子健康促进机构、幼儿园、家政公司等就业。

第二节　小儿推拿保健师的岗位要求

一、基本从业条件

小儿推拿保健师必须具备以下基本从业条件：

(1) 身体健康，细心，耐心，有爱心，无不良习惯。

（2）愿意从事小儿推拿行业，为人正直，心地善良，无不良行为记录。

（3）具备中医基础理论知识，有一定的学习和理解能力，有很好的动手操作能力和小儿按摩功底。

（4）在中医理论方面，必须了解经络理论基础知识，掌握常见穴位的正确位置，具备一定的实践经验，不仅应熟练掌握各项岗位技能，还必须学会根据小儿病理辨证施治，具备对小儿常见疾病的观察能力。

根据其职业特性，适合做小儿推拿保健师的人员有：催乳师，月嫂，育婴师，从事婴儿游泳、抚触、产后修复等母婴服务的人员；成人按摩师，从事刮痧、理疗、艾灸、针灸等中医养生服务的人员；中医、西医儿科医生及护士，妇幼保健院医生及护士，乡村医生，个体诊所医生。

二、职业道德及职业意识要求

（一）职业道德

职业道德是指人们在从事服务工作时必须遵循的与本职工作紧密联系的行为准则。如果在工作岗位上不讲职业道德，不仅难以胜任本职工作，还会损害社会风气。因此，从某种意义上来说，职业道德水平体现着一个服务企业的精神风貌和道德水准。

小儿推拿保健师职业道德规范的主要内容如下：

（1）遵守法律法规，遵守社会公德，遵守公司的各项规章制度。

（2）讲信誉，重承诺，守信用，努力用自己的一言一行真诚服务，赢得客户的信任。

（3）爱岗敬业，尽职尽责，能提供主动、热情、耐心、周到的服务，维护公司的良好形象。

（4）努力学习小儿推拿的相关知识，不断提高业务水平和服务质量。

（5）讲究文明礼貌，尊重客户，不擅自动用他人贵重物品，不提过分要求，不打听和泄露客户隐私。

（6）杜绝不良习惯和行为，不做非分和有悖道德规范之事，对工作中的失误勇于承担责任。

（二）职业意识

作为一名小儿推拿保健师，必须具有追求完美的服务精神，将顾客的心理感知作为服务的标准。要树立为客户服务的思想，在服务过程中要有服务意识、客户意识、质量意识和信誉意识。

1. 服务意识

服务意识体现在必须严格按照企业有关规定履行岗位职责。在仪容仪表、行为举止、言谈称呼、服务操作等方面做到位。要将心比心，认真倾听客户的意见，按客户的需求提供服务。此外，还要不断开拓、创新服务理念，以更娴熟的技术服务客户。

2. 客户意识

要具有客户意识，首先必须了解客户的真正含义。在某些人的头脑中，客户只是消费者的代名词，在他们看来，客户就是购买服务的一般人群。把客户等同于普通人群是一种误区，应当将客户视为自己的衣食父母，只有这样，才能理解自己所从事工作的价值和责任。

3. 质量意识

服务质量是指在相应的工作范围内、相对的工作时间内完成服务工作的效果，具体包括服务技能、推拿知识、沟通技巧等。服务质量的特征体现在以下几个方面，即功能性、安全性、时间性、舒适性、文明性和满足性。在从业过程中，除了要不断提升自身综合业务能力，自觉抵制行业及外界不良影响外，最关键的是要提升自身的综合素质。

4. 信誉意识

信誉来自小儿推拿保健师的一言一行、一举一动、仪容仪表、服务水平和服务态度等方面。小儿推拿保健师的主要工作就是为客户提供舒适、便捷、安全、卫生和完善的服务，最大限度地满足客户的需求。满足客户需要的程度越高，信誉程度就越好。一名信誉良好的小儿推拿保健师要具有爱心、诚心、细心，并使客户享受到舒适、安全和家人般关爱的护理。信誉是靠优质的服务争取来的，合格的小儿推拿保健师要以客户满意为准则。

三、职业服务及职业礼仪要求

（一）职业服务要求

小儿推拿保健师必须遵从“3S 服务标准”，即微笑服务、规范服务和个性化服务。

1. 微笑服务（Smile）

微笑可以让小儿在精神上得以放松，从而与推拿人员的交流和相处更加融洽。所以，在服务过程中保持灿烂的笑容非常重要。

2. 规范服务（Standardization）

作为一名小儿推拿保健师，首先必须从专业化的角度掌握各种作业规范和流程。需要注意的是，规范化是指操作流程和服务程序的规范化，而不是服务内容的刻板化和服务态度的僵硬化。

3. 个性化服务（Speciality）

针对不同小儿或小儿的不同身体情况和病因病理，有针对性地提供服务，这是服务专业化的具体体现。小儿推拿保健师必须根据小儿的具体情况提供相应的服务，而不是按照刻板的程序来操作。这与服务的规范化并不矛盾，其本身正是规范化服务的体现。

（二）职业礼仪要求

1. 着装

着装整洁干净，按季节穿衣。最好穿职业装，佩戴服务胸卡，不化妆，不佩戴首饰。

2. 语言

语气温和、礼貌，音量适中，用语规范。注意控制自己的情绪，在任何情况下说话都要温和。

3. 操作

操作前要询问小儿的情况，详细了解小儿的体质和身体状况。

4. 融洽

要主动向客户问好，对客户提出的问题迅速给予答复。

5. 头发

头发要整齐，前不过眉，后不过肩，散发及过肩长发必须戴发网。发卡应为浅色，不应使用颜色夸张或黑色的发卡，发卡应别在帽子的后面。

四、推拿操作前的准备及注意事项

1. 操作前的准备

小儿推拿保健师在上岗或操作前都必须做好以下准备：

（1）推拿前，应准备好相应的推拿介质及消毒用品。

（2）操作者还应剪短指甲（拇指指甲可稍长些），并将手清洗干净，以免在操作时因指甲过长伤及小儿，引起小儿皮肤感染。

（3）注意室温和室内干湿度。温度以 22℃～26℃为宜，湿度以 50%为宜。另外，在寒冷季节里，推拿师的手不要太凉，以免小儿被冷手刺激而惊惧。

2. 操作前的注意事项

（1）手机设置成振动状态，工作时不能接听手机。

（2）要做好循序渐进的心理准备，即在操作时，应先实施一些相对柔和的手法，使小儿对推拿师产生好感，再按所要采取的手法一一施行。

（3）认真填写工作记录单。

（4）小儿出现异样情况时，要及时告知家属。

注意：每次的上岗对推拿师来说是第 N 次，但对客户来讲，则有可能是他们第一次接受服务。所以，每次推拿都要充满耐心和爱心，不能有丝毫懈怠。

3. 操作心法

(1) 认识心法

小儿推拿要求“形神兼备”做功法，“孙重三”门派就提出过小儿推拿要形神兼备，推拿时要调整气息、精神专注、心神合一、天人合一。中医的精髓即是天人合一、阴阳平衡、正气存内，生病是因为体内各系统失衡，推拿的作用就在于平衡阴阳，调整患者体内正气。

在为小儿推拿的过程中应专注小儿，不要想其他事，尤其是烦心事。可以向被推拿部位传达爱的意念，也可以传达宽慰、理解、鼓励和感谢等情感。意念要轻、淡，不可过重，不可执着，因为这些器官在推拿时最为活跃，同时也处于阴阳调和、脏腑气血调和、补虚泄实的过程中。

如果在推拿过程中出现思想抛锚，想其他事情，随时停一下即可。在推拿过程中可以和病灶部位对话，安慰它、鼓励它、表扬它。但不可过度关注病灶，也不可为追求效果盲目增加时间。

(2) 心法推拿规范

推拿为阳，心法为阴，阴阳结合以降甘露，使小儿受益。心法推拿规范要求如下：

①起势。推拿师放松静静站立或取坐位，身体微微前倾，两脚与肩同宽。面带微笑，舒展眉心，默念“天行健，君子以自强不息。地势坤，君子以厚德载物”。

②开始。在推拿过程中，推拿师目视小儿或者施术部位，微笑，展眉心，专注操作。在操作过程中不可以聊天、看手机等。小儿哭闹时可停下来休息一会儿，重新开始时仍要起势，放松、微笑、默念。

③结束。结束时，推拿师双手放在肚脐上，心中默念：“我要收功了”。中途休息时不必收功。假设一次推拿共持续了 30 分钟，中途休息了 2 次，那么应起势 3 次，收功 1 次。

五、跟客户沟通的基本原则

有效的沟通可以使服务过程更加顺畅。作为一名小儿推拿保健师，在与客户沟通方面应有更高的标准和要求。与客户保持良好的沟通，同掌握过硬的服务技能一样重要。要做到成功有效地沟通，需要做好以下几个方面的工作。

1. 提高自身素质

首先应该从提高自身的基本素质做起，文明用语，礼貌待人，改变自身的不良习惯。每个人的成长经历和成长环境都不一样，其习惯是长期养成的，不是一朝一夕能改变的，因此，要时刻提醒自己做得更好。

2. 留好第一印象

第一时间获得客户的认可是开始良好服务的关键。如何给客户留下良好的第一印象呢？

首先，在服务前好好检查自己的外表、穿戴。着装要大方得体，符合职业习惯，不穿奇装异服，也不打扮得花枝招展。如果是在机构工作，一定要穿职业装或工作服；如果是在客户家里工作，有条件的话也要尽量穿工作服，如果没有，则应干净整洁，朴素大方。

其次，要说好第一句话。用平和的语气跟客户打招呼，表现出自己应有的外在礼貌和内心自信。

最后，举止得体。说话时一定要看着对方的眼睛，仔细倾听客户的要求，然后做出恰当的回答。到客户家不要东张西望，也不要小动作不断。

3. 拥有良好的心态

在工作过程中，要保持良好的心态。首先，要调适自己的心态。其次，要调整自己的状态。无论从事什么工作，在工作中都应该有一个正确的心态。作为小儿推拿保健师，这一点尤为重要。要谨记，自己所从事的是一项高尚的职业，是解除小儿痛苦、给千家万户带来快乐的职业。因此，一定要时刻保持愉悦，只有这样，才能不断给客户提供充满爱心的服务。

4. 同理心

小儿身体不适时，家长最为苦恼忧心。作为小儿推拿保健师，应该理解家长的烦恼，在力所能及的范围内，尽量为客户解决一些实际问题，在客户由于心情或别的原因表达欠妥时，也应该有包容心，表现出爱心和宽容心，不与客户争吵和对抗。

第三节　小儿推拿的源流与发展

小儿推拿是从中医儿科学和中医推拿学理论中发展而来，属于中医外治法的一种，以阴阳五行、脏腑经络等学说为理论指导，运用各种手法刺激穴位，使经络通畅、气血流通，以达到调整脏腑功能、治病保健的目的。

运用推拿的方法治疗小儿疾病有着悠久的历史。早在两千多年前的春秋战国时期，推拿就已广泛应用于医疗实践，随着儿科学理论体系的建立和推拿临床的广泛应用而逐步形成。小儿推拿的发展经历了萌芽时期、奠基时期、形成时期和发展时期。

一、萌芽时期

秦汉是小儿推拿的萌芽时期。秦汉时期，是中医学发展的重要阶段。在此时期，随着推拿学和儿科学的出现，小儿推拿开始萌芽。汉代医圣张仲景的《金匮要略》中首次提到的“膏摩”一词，代表了推拿介质的出现。汉朝的《五十二病方》里记载了古代以勺匙边摩拭病变部位治疗小儿抽搐的推拿手法。

二、奠基时期

晋唐是小儿推拿的奠基时期。晋唐时期，许多医学名著中都记载了小儿推拿手法，如《肘后备急方》中介绍了“拈取其脊骨皮，深取痛引之，从龟尾至顶乃止”的捏脊法；《千金要方》中载述了以膏摩小儿囟门、手足心防治疾病的膏摩方药及操作方法；《外台秘要》中也记有摩头按脊治疗小儿夜啼、咳嗽、盗汗等方法。

宋元时代，张子和在《儒门事亲》中首载“揉脾”一法，用以治疗小儿身瘦、肌热等病症。至明代以后，随着儿科推拿经验的积累，小儿推拿在理论及治疗手法、腧穴应用等方面逐渐形成专科特色，发展成为一门有独特体系的治疗方法。

三、形成时期

明清是小儿推拿的形成时期。到 16 世纪末，四明陈氏在前人的基础上，从理论和实践两方面对小儿推拿做了总结，写成了中国第一部小儿推拿专著《保婴神术》，又称《小儿按摩经》，被收录在《针灸大成》中得以流传。其中系统介绍了多种推拿手法，如掐、揉、推、按、摩及 20 余种复式推拿手法、主治功效和 50 多个小儿特定穴等。

清代释心禅《一得集·推摩法论》指出：“其法以手五指分主五脏，指尖属脏，本节属腑；热清寒温，实泻虚补，分顺推、逆推、左旋、右旋、左推、右推，以定温清补泻之；法俱有下数，或三百，或五百，不可乱推。又有揉以运气，掐以定惊；面上亦各有所主之部位，肚、腹、手、足，俱可推摩。”对诸如五指经穴与脏腑相通、温清补泻手法操作、特定腧穴分布等小儿推拿特色做了梗概介绍。至此，小儿推拿正式成为儿科的一种系统疗法。

《保赤推拿法》中记载了“开天门法：凡推皆用葱姜水，浸医人大指。若小儿病重者，须以麝香末粘医人指用之。先从眉心向上推，推二十四数，谓之开天门”。《厘正按摩要术》中记载了“推攒竹法：治外感内伤皆宜，医用两大指，春夏蘸水，秋冬蘸葱姜和真麻油，由儿眉心，交互往上直推”。

四、发展时期

近现代是小儿推拿的发展时期。由于小儿推拿疗法具有方便易行的特点，而且不受设备、医疗条件的限制，因此深受小儿及其家长的欢迎，成为中医儿科颇具特色的常规疗法。

民国时期，反对传统医学，提倡西洋医学，曾一度“废止旧医”，使推拿散落民间，形成了各具特色的推拿流派，如山东的小儿推拿、湘西的儿科推拿、海派儿科推拿、北京小儿捏脊流派等，期间有不少小儿推拿著作问世。

新中国成立后，中医药科学得到重视，推拿出现了繁荣的景象。1956年，上海开办了推拿训练班，随后又成立了中国第一个推拿专科门诊和推拿学校。接着，全国的中医院校陆续开设推拿课，小儿推拿也得到了快速发展。从20世纪60年代起，推拿文献得到整理和发掘，许多小儿推拿古籍得到了重印和再版，不少小儿推拿书籍也顺势出版。

从20世纪50年代开始，临床上逐步应用推拿治疗小儿蛔虫性肠梗阻、婴幼儿轮状病毒性腹泻以及小儿厌食等疾病，并进行规范的临床疗效观察和研究，运用现代医学手段证实了其疗效和作用机制。

近年来，小儿推拿学科日趋完整和全面，全国各高等院校逐渐将小儿推拿从推拿学中独立出来。随着人们对“绿色”医疗的需求，小儿推拿这一古老而新兴的学科，必将得到更广阔的应用和发展。

第四节 小儿推拿的特点和优势

现代小儿推拿更注重对小儿的早期抚触，认为越早、越多地抚摩小儿，越有利于其身心和智力发育，基于此，很多医疗机构创立了婴儿抚触中心，形成了与小儿生理相适应的一整套保健操、保健手法和系统完善的理论。

小儿推拿操作手法易学易懂，只要按照要求，遵循它的规律，经过简单的操作练习就可以掌握基本的方法。

1. 简单易学，方便易行

小儿推拿是一种自然疗法，不需要任何器械、药品及医疗设备，只是依靠双手在小儿体表部位施行手法，就可以达到防治疾病的目的。不仅应用方便，而且节省费用。

2. 安全稳健，不易反弹

只要对疾病诊断正确，依照小儿推拿的操作方法合理施治，一般不会出现不安全的后果。应用推拿疗法治疗疾病，不容易出现反弹及并发症。

3. 没有副作用，利于疾病康复

小儿推拿是一种单纯的物理理疗手法，治疗中避免了小儿因某些药物可能带来的不良反应或毒性反应，或因药物剂量不适而引起的不良反应或危害，是一种有利无害的治疗方法，符合当今医学界推崇的“无创伤医学”和“自然疗法”的要求。

4. 治病去根，不易复发

慢性病复发的根本原因在于疾病所涉及的脏腑功能下降，气血运行不畅。小儿推拿疗法根据中医基本理论，对于易反复发作的慢性病，可以针对病因，通过手法施术，加强气血循环，恢复其脏腑功能。对于反复发作的病症，可因人体素质的调补减少再发机会。对于身体虚弱的幼儿施以推拿疗法，不仅可以治愈已发疾病，还可以提高免疫功能。

5. 小儿不痛苦，易于接受

与其他疗法相比，应用小儿推拿疗法的小儿不会有任何痛苦，甚至还会感觉很舒适，小儿配合度高，能够消除小儿在疾病治疗过程中的恐惧心理。

6. 预防保健，益于亲子感情建立

小儿推拿除了有良好的治疗效果外，还有非常好的保健功能。经常推拿按摩，可以改善小儿的体质，提高小儿的抗病能力，更有益于亲子感情的建立。

第二章

小儿推拿的作用原理

本章学习目标

1. 了解小儿的生理和病理特点。
2. 了解小儿推拿的作用。
3. 掌握小儿推拿的保健原理并会初步运用。

第一节　小儿的生理和病理特点

一、小儿的生理特点

1. 脏腑娇嫩，形气未充

小儿出生后，机体的五脏六腑、气血津液、筋肉骨骼等形态结构和生理功能等尚未发育完善，脏腑柔嫩，气血未充，经脉未盛，神气怯弱，内脏精气未足，卫外机能未固。小儿生机旺盛，发育迅速，对水、谷、精气等营养物质需要迫切，因而常见“阴常不足，阳常有余”。

“脏腑娇嫩，形气未充”，小儿的生理特点用中医儿科的概念术语来讲，就是稚阴稚阳。阴阳是中医理论的核心。阴，泛指小儿的有形之体，包括小儿的肌肤、皮毛、脏腑、筋骨、经络、血脉、津液等物质基础；

阳，即建立在小儿形质之上的生理功能；稚，即幼小、柔弱。稚阳未充，肌肤疏薄，易于感触；稚阴未长，脏腑娇嫩，易于传变。

按照中医理论，阴阳在一定条件下相互对应、相互转换，最终取得动态平衡，即所谓的“对应互根，阴平阳秘”。小儿为稚阴，肌肤疏薄，毛发稀疏，脏腑娇嫩，筋骨不强，血脉短少，津液不足；小儿又为稚阳，阳气不充，防御、气化、温煦、推动、固摄能力低下。因此，小儿的适应能力差，调节修复能力也差。建立在这种稚阴稚阳基础上的阴阳平衡也是很脆弱的，易于阳病及阴、阴损及阳或阴阳决离。

生理上的稚阴稚阳决定了小儿对外界环境的被动适应性和依赖性，而小儿推拿作为一种环境因素，是一种良性的、有序的、双向调节性的物理刺激。因此，通过特有手法作用于小儿形体，扶正祛邪，匡正阴阳，可被内脏和形质感知，这是小儿推拿治疗的生理基础。

2. 生机勃勃，发育迅速

小儿的另一个生理特点是生长发育迅速，体格、智力以至脏腑功能，均不断向着完善、成熟的方向发展，如旭日初升，草木方萌，欣欣向荣，古人把这种现象称为“纯阳”。

“生机勃勃，发育迅速”，即小儿为纯阳之体。纯阳，即小儿的生长发育最为旺盛，对水、谷、精气的需求尤为迫切，新陈代谢旺盛，吸收快，排泄快，生长也快。小儿的生长发育离不开一定的环境和物质条件，反过来，环境和物质条件又对小儿的生长和发育产生影响，如饮食、阳光、地理位置、语言、音乐、肢体的运动等。

推拿直接作用于小儿的机体，能促进小儿生长发育。如通过对身材矮小儿的推拿效果研究，发现推拿可在一定程度上促进小儿身高发育；对脑瘫儿的推拿治疗研究，又证明推拿能健脑益智。除此之外，推拿还能增强小儿的脾胃功能，促进其饮食摄入、腐熟、消化和吸收。

二、小儿的病理特点

1. 发病容易，传变迅速

小儿的病理特点是由其生理特点决定的。小儿的稚阳之体，易受外界环境变化的影响，自身抗病能力和调节能力差，所以，病理上表现为发病容易，传变迅速。

由于小儿脏腑功能柔弱，对疾病的抵抗力较差，加之寒暖不能自调，饮食不知自节，外易为六淫侵袭，内易为饮食所伤，更易受惊而病。小儿患病后病情变化迅速，邪气易盛，正气易虚，表现为易虚、易实、易寒、易热。若调治不当，易生他变，使轻病变重，重病转危。

2. 脏气清灵，易趋康复

由于小儿生机蓬勃、活力充沛、脏气清灵，且病因单纯，多是由寒温失调、饮食失节、发育异常或疠气所伤，几乎没有七情六欲，临床病种也比较单一。在患病之后，若能及时调治，则好转也快，容易痊愈。

小儿脏气清灵，随拨随应，虽然脏腑柔弱，但气血反应灵敏，发育、再生、修复能力强，只要调护得宜，一般都能较快恢复。例如，病根在肾、病位在脑的解颅，虽然已是头颅畸形，但通过对补肾、二马、小天心、揉四神聪和百会等穴位的刺激，仍可获得疗效，而成人颅骨病变，推拿按摩却难以奏效。又如，成人慢性咳喘为世界性难题，中西医均难以根治，而小儿咳喘通过清肺、补脾、揉外劳、逆卦、补肾、推膻中、分推肩胛骨等治疗常能起效。再如，小儿肌性斜颈、近视、弱视、斜视、脑瘫等，临床均强调早诊断、早推拿，若小儿年长，疾病日久才重视治疗，只是徒劳。

第二节　小儿推拿的作用

一、调理阴阳

阴阳五行学说认为，疾病的本质在于阴阳失调，包括天人阴阳关系失调和人体自身阴阳关系失调。治疗疾病的根本原则，即调整这种紊乱关系，使之复归于阴阳平衡状态。小儿推拿人员可以通过不同穴位和不同手法为小儿调理阴阳。

1. 阳病阴治

小儿推拿常用穴位有阳穴和阴穴。阳穴，其性似火，有温煦作用；阴穴，其性似水，有滋润作用。阳穴位于手背、前臂桡侧、上半身、背部、下肢外侧等；阴穴位于手掌、前臂尺侧、下半身、腹部、下肢内侧等。一般而言，阳病治阴，阴病治阳。例如，高热、神昏、急惊、热哮、便秘等阳症，可取小天心、天河水、六腑、阴池、内八卦、任脉、腹等阴部穴位；而久泻、久喘、畏寒、肢冷、遗尿等阴症，可取外劳宫、一窝风、阳池、三关、督脉等阳部穴位。

2. 以平为期

阴阳配穴法为配穴法之一，指阴经穴与阳经穴常见的配合应用。阴阳配穴常见以下两种配穴方式：

（1）相反相成配穴：将阴阳部位和属性不同的穴位配伍，以加强疗效或制约穴位或调整病症阴阳之偏。如清天河水与揉二马同用，以交通心肾之阴阳；点百会与擦涌泉同用，以交通上下之阴阳；内、外劳宫双点和内、外八卦同运，以调节内外之阴阳；上三关与下六腑按次数比例（如5∶2或3∶6等）操作，使水火不致太过，阴阳不致太偏，恰到好处地调整小儿的阴阳状态。

（2）同类穴位配穴：将阴阳属性相同的穴位配伍，以加强功效。例如，头面四大手法将调节天人阴阳的天门、调节脏腑阴阳的坎宫、调节左右阴阳的太阳和宁心安神镇惊的耳后高骨相配伍，可加强调节阴阳的力度，扩大调节阴阳的范围；双凤展翅，先提耳以调肾中阴阳，后点穴从承浆（任脉终点）至人中（督脉体外终点），通过调任督而平衡阴阳；古人补益，常取小腹与腰骶、小腹丹田、腰骶命门，以增强温助元阳之效；捏脊与拿肩均有提升阳气的效果，二者配合，则升阳举陷的作用更加明显。

3. 讲究次数

传统小儿推拿操作多用次数为度量单位。次数中，奇数为阳，偶数为阴。凡补阳多用奇数，补阴多用偶数。而一年有12个月、24个节气，人左右各有12条正经，共24条。小儿推拿据此在头面四大手法中，开天门、推坎宫、运太阳均取24次。

二、调整脏腑气血

五脏六腑为人体的基本构架，气血是人体的基本物质，它们共同组成人的生命体。生理上，由于五脏所贮藏和产生的精气呈弥散状态，充满于五脏，因而“满而不实”。“满”是指精气的充满，“实”是指水谷的充实。而六腑多为空腔器官，其功能特点是传化饮食水谷，故说“实而不满”。气血生成充足则脏腑平稳运行，分布适宜，出入有常；反之，疾病就是脏腑气血失调的反应。小儿推拿通过调节脏腑气血防治疾病。

1. 以脏腑命名穴位

在小儿推拿中，有以脏腑命名的穴位，包括位于五指螺纹面的五经和胃、大肠、小肠、膀胱等穴，还有六腑穴，它们都便于操作。相关脏腑病变，取相应脏腑穴位，就能对相应脏腑进行调理。如脾经、胃经常用来治疗三焦病症，大肠经则常用来治疗肠道病症等。

2. 根据脏腑生理特点和五行理论确立补泻

小儿脏腑的生理病理特点有“心肝多有余”“脾常不足”“实（热）在阳明（胃），虚（寒）在太阴（脾）”“肾病多虚”“肾无实证”“肺为腑”“先天生后天、后天养先天”等，所有这些都在小儿推拿脏腑穴位的操作中得到体现。如水（肾）盛而干枯，则运水入土；土盛而水枯，则运土入水；脾虚直补脾经，益中焦之气；肺虚仍然补脾，补土以生金；肾虚还是补脾，后天养先天等。

3. 近治作用

脏腑总有一定位置，在脏腑体表投影区域选取一定部位或穴位，距离脏腑更近，刺激更易被脏腑感知，更有助于调节脏腑功能。如乳旁、乳根和膻中穴位于心和肺的体表投影区，善治心肺之疾；中脘及整个胃脘部为胃的体表投影区，治脾胃病症有效；揉腹、摩腹作用于大小肠，适宜治疗肠道功能紊乱；肃肺在前胸后背操作，具有清肃肺脏、化痰止咳之效；胁肋为肝之所居和肝之经脉所过，搓摩之能疏肝解郁，消痞散积；腰为肾之外府，于腰部，特别是双肾区振揉能补肾化气行水；带脉横行，约束诸经，于其上之天枢点揉及搓擦整个带脉，令带脉紧缩而不肥胖；囟门或百会之下为脑髓，轻柔刺激大脑，有利于小儿健脑益智等。

4. 开官窍、通脏腑

五脏开窍于五官，五官依赖五脏气血濡养。五脏调和，五官功能才正常；反之，刺激五官能反作用于五脏。脏腑深居体内，五官则显现于头部。刺激脏腑难，作用五官易。故通过五官反作用于脏腑是传统推拿的思路和特色，如肾开窍于耳，“鸣天鼓”肾感而应之，益肾壮骨有效；肺开窍于鼻，鼻部操作开宣肺气；肝开窍于目，眼部操作调理肝气；肾开窍于前后二阴，二阴周围龟尾、会阴、中极等穴善治肾虚所致的二便失调等。五官即为窍道，以通为务，这是推拿调治五官的立足点。

5. 动五体、调五脏

肝主筋，脾主四肢肌肉，心主血脉，肾主骨，肺主皮毛。生理上，筋、肉、脉、骨和皮毛五体依赖五脏气血养而荣润；反之，五体的运行与状态会反作用于五脏。因此，动五体、调脏腑也是小儿推拿的特色。如看惊掐惊。“看”就是审视肢体，看其有无抽搐及角弓反张之“惊”；“掐”就是治疗，即通过调筋而平肝镇惊。传统束悗疗法为局部按压血（动）脉，一过性阻断与开放交替，对心及心脏系统产生影响。肺主皮毛，通过手法与冷热交替刺激皮肤与肌肉纹理，使皮肤潮红，有利于开宣宜肺、实卫固表等。

6. 对气血的特殊作用

《厘正按摩要术》的“外八卦在掌背，运之能通一身之气血，开脏腑之秘结，穴络平和而荡荡也”，《幼科铁镜》的“肩井穴是大关津，掐此开通气血行”和《小儿按摩经》的“二扇门发脏腑之汗”等记载，提示推拿相关穴位对脏腑气血具有特殊作用，具有一定的临床价值。

三、补虚泻实

《素问·通评虚实论》说“精气夺则虚”“邪气盛则实”，可见，“虚”为人体精、气、血、阴、阳等基本物质不足；“实”为体内停留和积蓄着不该停留和积蓄的物质，如六淫、痰、饮、宿食、毒素、瘀血、癌肿、浊气等。

推拿补泻主要由人体功能活动状态决定。凡能提高人体和脏腑兴奋性，激活经穴，增强脏腑功能谓之补；凡能降低人体和脏腑兴奋性，抑制经穴传导，减低脏腑功能谓之泻。补的手法具有升阳、提神、醒脑、促兴奋作用；泻的手法具有降温、镇静、安神、抑制作用。

1. 力度补泻

著名推拿学家王雅儒在《推按精义》中指出：“治实证，手法宜重；治虚证，手法宜实而轻。“轻”“重”指用力大小。同一手法，力轻为补，力重为泻。用力轻，小儿感觉舒适，脏腑感而应之，逐渐兴奋，活力增强，功能提升，为补；用力重，很快达到阈上刺激，局部麻木，经穴疲劳，感应性降低，脏腑抑制，功能逐渐降低，为泻。

2. 时间补泻

推拿时间长为补，时间短为泻。如《按摩经》谓“大肠有病泄泻多，脾土大肠久搓摩”“肚痛多因寒气功，多推三关运横纹”。其中的“久”“多”就是长时间运用于虚寒症。反之，治疗实症腹痛、积滞应拿肚角和捏脊。治疗惊厥应掐十宣、委中、合谷等。刺激强，时间短，常运用于实症和热症。

3. 缓急补泻

缓急补泻又称频率补泻。周于蕃在《小儿推拿秘诀·卷二》谓“急摩为泻，缓摩为补”。同一手法，频率快为泻，频率慢为补。即频率越快，单位时间内刺激次数增加，起到与重手法同样的作用，为泻；反之，为补。

4. 方向补泻

一般认为操作方向向上、向外、向左、向心为补法，向下、向内、向右、离心为泻法。如推上三关为温补，推下六腑为清泻；又如大肠穴，离心推为泻（通便），向心推为补（止泻），来回推为调（平补平泻）。补泻的确定需注意选取参照物和同质比较，如上与下、内与外、离心与向心等。

5. 迎随补泻

迎随补泻又称顺逆补泻。《灵枢·始终》中载：“泻者迎之，补者随之”，指手法操作方向与经络的关系。一般认为，随（顺）经脉走向操作为补，迎（逆）经脉走向操作为泻。推拿是从经脉的某一点沿经络推向另一点，在推进过程中既有向下的压力，又有沿经络向前或向后的推进力。顺经推进会加速气血运行，经气旺盛、兴奋，具有补的特性；逆向推进会阻碍气血运行，经气迟缓，暂时壅塞、抑制，具有泻的特性。

上述补泻内容相互联系，密不可分。如重手法多与时间短、频率快相结合，轻手法多与时间长、频率慢相结合。但力度的大小、时间的长短、频率的快慢，以及方向等本身是相对概念，目前学术上尚无具体量化标准。

四、调理升降

1. 致气调神，导引经气

该法切中当升不升和当降不降病机，为在系统上部（如头面、上焦）和下部（脚与下焦）采用揉、摩、运、拿等手法，导引气血至操作部位，要求操作时间长、力度轻，环境安静，并配合语言诱导。如摩百会、摩囟门、揉太阳、拿风池、拿颈夹脊、拿肩井、振胸廓等具有升提阳气的作用；而点涌泉、三阴交、太冲、太溪、运小腹和横擦腰骶等能引火归元与促进大小便排出等。

2. 按而收之，阻截升降

该法切中升之太过和降之太过病机，为在系统上部采用直下、内向的方向；或在下部采用向上操作进行阻截。这类手法要求力度重、持续，方向与病理趋势相反，以点、按和振法为代表。如振按百会、振按太阳、振按目上眶为降法代表，振按涌泉、向上振按小腹和中脘有升提的作用。

此法与第一法所取部位相反。一为在一系统一端引导，通过自我感觉导引经气至推拿部位；一为在另一端强力振按与推助。临床上常配合使用。

3. 顺应升降，推而助之

在系统路径上推而助之，如捏脊、推上七节骨、推上三关，上推中脘、膻中等能助其升而抑其降。下推腹部、推桥弓、推下七节骨、推天柱、开璇玑，下推中脘、腹部等能助其降而抑其升。该类方法以推法、擦法为代表。

4. 拿以使外，按以使内

单纯分析手法方向，拿法为离开人体指向体外，按法为指向体内。所以，拿法是升散代表，按法是内聚代表。《黄帝内经》有“按之则热气至”的记载，而拿法的拿五经、拿肩井和拿颈夹脊等，无不体现了升散的特点。

第三节　小儿推拿的保健原理

现代研究表明，推拿对机体各系统的生理功能均具有良性的调整作用。推拿手法不仅是一种机械性的刺激，可以直接对人体局部发挥作用，还可以转化成能量和信息，通过神经、体液等系统的传递，对人体的神经、循环、消化、泌尿、免疫、内分泌、运动系统以及皮肤、镇静机制等都产生影响，从而起到治病保健的作用。

小儿具有一些非常典型的生理特点，如肌肤柔嫩、肠胃娇弱、筋骨不强、血脉不充、免疫力低、生长发育旺盛、代谢快、吸收快、排泄快、易受外界因素影响等。这些特点决定着小儿发病容易、传播迅速。所以，小儿既易受风寒、湿热等外邪所侵，又易被乳食不节所伤，从而导致感冒、咳嗽、哮喘等肺系病症，以及厌食、泄泻、便秘、腹痛等脾胃系病症。

中医理论认为“正气足则邪不可干”，因此，小儿推拿主要从增强机体抗病能力着手来治疗疾病。穴位补泻以及脘腹部的直接操作，可调节小儿胃肠蠕动，改善胃肠道血液循环和淋巴回流，加速消化液分泌，促使炎症消散，有利于组织恢复。

一、对神经系统的作用

推拿对神经系统的作用是通过神经反射引起的，不同的推拿手法和不同的刺激强度，对神经系统所起的作用不同。力度轻的手法有镇静、抑制作用，中、重度手法有兴奋作用，过强的推拿手法反而会抑制神经的兴奋性。推拿对自主神经有很大的影响，因此，能引起内脏、血管、腺体等功能活动的改变。推拿对精神方面的作用也是不能忽视的。推拿与神经节段性反射也有一定的关系，如用推拿治疗颈及上背部时，对颈部、胸部器官及治疗腰部、臀部对应的盆腔器官等都有一定影响。

二、对循环系统的作用

推拿能促进血液循环，使血流速度加快，流量加大，进而改善微循环和脑循环。在头面部、颈项部应用推拿手法后，脑血流量明显增加，因而人们在推拿后会感到神清气爽、疲劳消除。推拿能使小儿血管的管径扩张，循环阻力降低，心输血量增加，从而改善心脏功能。

推拿可加速静脉血液和淋巴液的回流，被推拿部位的毛细血管通透性增强，血液流速加快、流量加大，给组织提供良好的营养，促进机体对水肿和损伤部位的吸收。

推拿后血液内的红细胞、白细胞、血红蛋白含量都有明显变化。推拿按摩可以改善血管弹性，使大循环中动脉血管的阻力降低，因此，可以减轻心脏的负担。对高血压病人进行腹部推拿按摩，能在一定程度上降低血压。

三、对消化系统的作用

推拿对胃肠功能具有明显的良性调整作用，从而增强消化系统的功能，并有预防腹泻、便秘的作用。如推拿背部的脾腧穴、下肢的足三里穴等，可在X线透视下观察到胃肠的蠕动明显加快，从而使胃肠的消化、吸收功能增强。

四、对泌尿系统的作用

在腰部推拿，可促进局部血液循环和代谢，有调节肾功能、影响尿液生成与排泄的作用。脊柱、小腹与大腿处的许多穴位都有利尿或摄尿的作用，是推拿取穴的重点部位。小腹是膀胱与输尿管所在之处，运用推拿在其体表投影处进行操作，可影响与改善其功能。

五、对免疫系统的作用

现代研究表明，对虚弱体质者施行推拿手法后，其白细胞总数可增加，淋巴细胞比例增高，红细胞总数增加，白细胞吞噬能力有不同程度的提高。因而，推拿能增强人体体质，提高人体免疫力。

六、对内分泌系统的作用

推拿可调整机体内分泌系统的生理功能，增加血钙含量，对因血钙低所引起的不适反应有良好的调节作用。如掐揉四缝、捏脊，可使血液中的钙、磷含量上升，促进小儿的发育和生长。通过推拿脾腧、膈腧、足三里等穴，擦背部膀胱经，能改善胰岛的分泌调节功能，对糖尿病患者有辅助治疗作用。

七、对运动系统的作用

推拿能增强肌肉组织的新陈代谢，促进血液循环，使肌肉组织获得更多的营养供给，从而弹性增加，力量增强。推拿还能促进关节滑液的分泌，增强关节周围组织的血液循环，起到滑利关节、强筋健骨的作用。

八、对皮肤的作用

推拿能促使已死亡的上皮细胞脱落，有利于汗腺、皮脂腺的正常分泌；使浅表毛细血管扩张，增加皮肤的血液供应，促进局部皮肤组织的新陈代谢，改善皮肤组织的营养状况。同时，推拿还能促进皮下脂肪的消耗和肌肉的运动，提高肌肉的收缩力，从而使代谢增强，皮肤红润、光泽而富有弹性，是健体美容的有效方法。

九、镇痛作用机制

推拿可提高机体的“痛阈”。如以较轻的手法按揉内关穴，或者以较重的手法按压内关穴，均可明显提高机体的痛阈，从而缓解疼痛，其镇痛效应在推拿后最为明显。推拿还可以通过改变血液中致痛物质的含量，进而使疼痛减轻。

第三章

小儿推拿的中医渊源

本章学习目标

1. 了解中医学基础知识。
2. 掌握小儿疾病诊断的基础方法。
3. 可以辨别小儿疾病属性。

第一节　中医学基础概要

中医通过把小儿体内紊乱的五脏调理到平衡状态从而达到根治疾病的目的。不懂中医的历史渊源和基础理论，就无法对小儿进行辨证施治，也就无法理解小儿推拿这门中国传统保健手法。

一、整体观念

整体观念是医学的精髓，小儿推拿充分体现了整体观念这一思想。中医理论中的整体观念认为，人体是一个以五脏为中心，六腑与之相为表里，通过“内属于脏腑、外络于肢节”的经络系统，联系起五体、五官、九窍、四肢等全身组织，从而构成联系统一的整体 。

在小儿特定穴位中，五经是指脾经、肝经、心经、肺经、肾经，分别代表了五脏。通过调五经，可调脏腑。明代《小儿推拿广意》中有此论述：心指即中指，肠指即食指，脾指即大指，肺指即无名指，肾指即小指。这些论述和经络理论有很大差别，是以中医的整体观念为指导的。小儿的整个系统也是一个对立统一的整体。

二、辨证论治

辨证论治是中医认识和治疗疾病的基本原则，是中医学对疾病的一种特殊的研究和处理方法，也是中医学的基本特点之一。以辨证施法治疗小儿疾病，必须严格按照中医辨证施治原则来运用手法和选取穴位。中医强调八纲论治，根据小儿的疾病特点，我们重点论述寒热和虚实。

1. 寒热

寒热，中医指怕冷发热的症状，今泛称发烧。实质上“寒热”是阴阳偏盛偏衰的具体表现，也是八纲中鉴别疾病属性的两个纲领。“阳胜则热”“阴胜则寒”，辨别疾病的属寒、属热，对确定治疗有重大意义。

表 3-1 寒热辨证

	症状与体征								治则
寒症	畏寒、形寒肢冷	口不渴、喜热饮	面色白	咳白色痰	腹痛喜暖	大便稀溏	小便清长	舌淡、苔白、脉沉迟	祛寒
热症	发热、不恶寒	口渴、喜冷饮、烦躁不安	面红目赤	咳黄稠痰	腹痛喜凉	大便燥结	小便短赤	舌红、苔黄、脉数	清热

2. 虚实

中医有虚实之辨，虚实两纲主要辨别机体强弱与病邪盛衰。虚指正气虚，实指邪气实。虚症即正气虚弱或机体有形物质不足所产生的症候，实症主要指病邪过盛所产生的症候。

表 3-2 虚实辨证

	症状与体征						治则
虚症	面色白、萎黄无华	神疲乏力	声低懒言	隐痛喜按	舌淡、苔白或少苔	脉虚无力	补虚
实症	面红	烦躁谵语	声高气粗	剧痛拒按	舌红、苔黄厚腻	脉实有力	泻实

三、阴阳五行

《黄帝内经》记载有："阴阳者，天地之道也，万物之纲纪，变化之父母，生杀之本始，神明之府也，治病必求于本。"意思是阴阳不仅是天地的大道理，也是万物发展的规律，事物的变化和生灭都以它为依据，治病也要以它为本。"阴阳学说"就是运用阴阳的原理来解释人体的生理现象，从而确定治疗的法则。

阴阳是相对的两个方面，不能单独存在，人体的阴阳也是如此，相互协调、相互制约，时刻循着一定的规律而化生万物。如果人体阴阳不调，就会产生不正常的"六淫之气"，即风、寒、暑、湿、燥、火，人就要生病。小儿因身体柔弱，抵抗力差，患病概率高，常以热症居多。

阴阳偏盛为邪气盛的实症，治疗时应采用"泻其有余"的原则。凡阴盛的为实寒症，用热性方药治疗（即寒者热之）；阳盛的为实热症，用寒性方药治疗（即热者寒之）。

阴阳偏衰为正气不足的虚症，治疗时应采用"补其不足"的原则。凡阴虚不能制约阳气而至阳亢的虚热症，用补阴的方药治疗，即"壮水之主，以制阳光"，用滋阴壮水法以抑制阳亢火盛所产生的虚热；阳虚不能制约阴气而导致的虚寒症，用补阳的方药治疗，即"益火之源，以消阴翳"，用扶阳益火法以消退阳虚所产生的阴寒。

五脏在人体内的联系可以结合五行来分析。金、木、水、火、土为五行，万物以土为母，体现在人体的医理上也是这样。

五行相生：木生火、火生土、土生金、金生水、水生木。

五行相克：木克土、土克水、水克火、火克金、金克木。

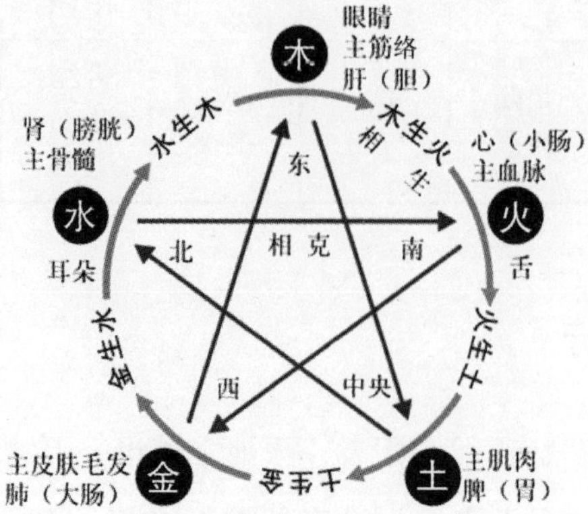

图 3-1　五行图

脾属土，脾土就像母亲一样无私地给全身输送各种营养，脾胃消化食物并将其转化成能量，人才能生存。把五行相生的道理套用到五脏的关系上，有脾土而后生肺金，肺金生肾水，肾水生肝木，肝木生心火，心火生脾土。在前的是母，在后的是子，这就是五脏相生的顺序。

如果不明白五脏生克的道理，运用小儿推拿法的时候就难以分清补和泻的方法，也就无法进行施治。实症就泻其“子”，虚症就补其“母”，如脾土生肺金，脾即为母，肺为子。有了这个总方针，具体的操作手法就更简单明了：所谓“泻”就是向手掌方向直推，“补”就是按顺时针方向旋转推动。参透了五脏在人体内的运作和相生相克的关系，在为小儿推拿时就会得心应手。

小儿推拿保健人员应能灵活运用阴阳五行原理指导配穴。根据木能克土、木火刑金的原理，常用清胃配平肝治疗脾胃病，清肺配平肝治疗咳喘病。有些脏腑不宜补，可用“虚则补其母”的方法取穴，如肝为将军之官，性主升散，宜清不宜补。如见肝虚需补时，则用补肾法治之，取穴揉二马可补肾。滋肾水以养肝木，起到补肝的作用。又如肺虚久咳、痰多清稀、纳呆腹胀者，可用补脾独穴治疗，以培土生金。若见肝火偏旺，出现烦躁易怒、口苦咽干、目赤耳鸣等症，可采用泻心之法、清天河水穴以降肝火，即“实则泻其子”。水唯畏土，其制在脾。若土不克水，则会出现脾虚、水湿、水肿、胀满，常见于肾病综合征，应重揉外劳宫，以温运脾阳，制水消肿。

有的穴位不宜推，如心主神志，属火，一般不直接推心穴，恐扰动心火。如心火盛，需清心时，可以推天河水代替，该穴能散热、清心、降火。胃气以和降为顺，胃穴不用补法。若胃阴虚则用清补脾代替。肾为先天藏元阴元阳，小儿肾常虚，不宜清泻。若有肾火，则用清小肠膀胱穴代替。清法用太多，须防正气受伤，应佐以补法。例如，高热时，推六腑 30 分钟，佐揉二马 5 分钟，则热退神清，正气不伤，热不反复。

表 3-3 五行表

五行	五脏	相生（顺行）	相克（逆行）	五色	五味	四季
木	肝	火	土	青	酸	春
火	心	土	金	赤	苦	夏
土	脾	金	水	黄	甘	长夏
金	肺	水	木	白	辛	秋
水	肾	木	火	黑	咸	冬

四、脏腑经络

脏腑辨证是中医辨证方法的一个重要组成部分，它是以脏腑学说为基础，运用四诊的方法，结合脏腑的病理反应，来分析各种病症，用以指导临床治疗的一种辨证方法。脏腑辨证以五脏、六腑、奇恒之腑的生理功能、病理特点为临床分析辨证的依据，主要用于内伤杂病辨证，也用于外感症的辅佐辨证。

在辨证方面首创儿科五脏辨证体系的是钱乙，他提出了心主惊、肝主风、脾主困、肺主喘、肾主虚的辨证纲领，成为中医儿科辨证学的重要方法。

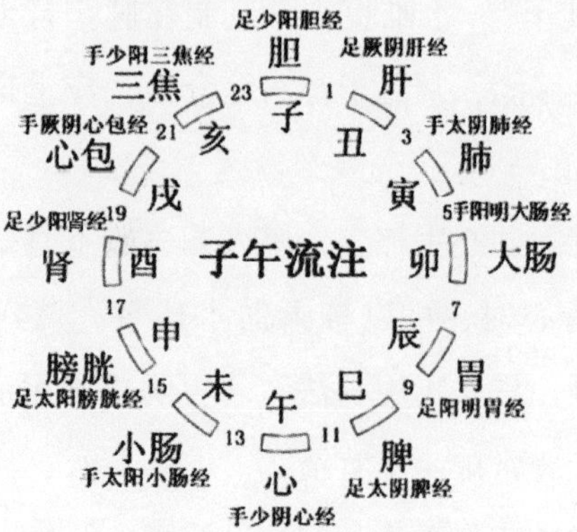

图 3-2　肺腑经络图

五、卫气营血

卫气营血辨证是清代医学大家叶天士在《内经》《伤寒论》等基础上，根据外感温热病发展的一般规律，总结出的一种辨证方法，常用于温病辨证，即以外感温病由浅入深或由轻而重的病理过程分为卫分、气分、营分、血分四个阶段，各有其相应的症候特点。按临床表现可分为卫分症、气分症、营分症、血分症、心包症等多种症候，反映了外感温热病不同阶段的不同症型，以及邪正斗争的形势，揭示了外感温热病由表入里、由浅入深的一般规律，从而为治疗提供依据。

第二节　小儿疾病诊法要点

小儿推拿临床辨证以四诊、八纲为基础，通过将临床所获四诊资料进行综合分析，做出正确诊断。在四诊当中，以望诊为主，闻诊、问诊、切诊为辅。新生儿不会说话，也不能诉说病情，因此，儿科又有“哑科”之称。在临床上，问诊大多是通过小儿家属间接进行的。闻诊虽然反映一定的病情，但也不够全面。小儿气血未充，经脉未盛，就诊时多哭闹，气息易乱，易造成切脉不准确。只有望诊不受各种条件限制，反映病情比较可靠。

一、望诊

儿科望诊是通过望神色、望形态、察苗窍、察二便、察指纹等方法发现小儿所发生的异常变化诊断疾病的。

1. 望神色

两目无神、目光暗淡、精神萎靡、嗜睡、反应迟钝者，称为“无神”。常见于久病和体质极度虚弱的小儿。标志着气血虚弱，正气已伤，如脾虚久泄的小儿，多呈此种表现。如见精神烦躁不安、啼哭不止、肢体躁动不宁，多由热邪炽盛扰动心神，或因痰食积滞、胃肠气机不畅、胃腹作痛所引起，或因头身肢体疼痛所致。此外，在临床上也常见有些小儿出现两目直观或上窜，神志不安，伴有抽搐，多为惊风。也有些重症，如疫毒痢、湿温等疾患，导致小儿出现高热、神志昏迷的症状。

肺气虚或营血亏损的小儿，面色多现苍白。脾胃虚弱的小儿，面色多现萎黄。心火亢盛、高热的小儿，面色多现红赤。小儿惊风时，面色多发青。热而兼湿，湿热相蒸，面部多现黄色。《医宗金鉴》总结说：“欲识小儿百病源，先从面部色泽观，五部五色应五脏，诚中形外理昭然。”不仅如此，中医还根据颜色表现的部位来判断疾病所在，正所谓“额心颌肾鼻脾位，右腮属肺左属肝”。

2. 望形态

筋骨软弱、肌肤干瘦、毛发枯萎、动态迟缓的，则属发育欠佳或久病。例如，佝偻病小儿有其特殊表现，可见头颅方大、囟门晚闭、出牙晚、发黄稀疏、串珠肋，或鸡胸、龟背、下肢弯曲、站立或行走迟缓无力等，多因先天不足、后天失养、肾精亏损所致，属于中医儿科学中的五迟、五软范围。再如，小儿肢体羸瘦、颈细腹大、青筋暴露、面色萎黄、两目无神，多属疳积症。

3. 察苗窍

以鼻、口、眼等部尤为重要。例如，肺开窍于鼻，小儿患肺炎时，由于肺气闭塞，可见鼻翼翕动；风寒束表则鼻流清涕；风热袭表则鼻流浊涕。如口舌生疮、鹅口疮等，属心脾病变。因心开窍于舌，脾开窍于口。小儿眼部疾患，如目赤多眵，则多因肝经有热所致。

4. 察二便

观察小儿大小便的形状、颜色等变化。如小儿大便稀薄，夹有奶瓣或食物残渣，则属消化不良；下利清谷不止，多属脾肾俱虚；如粪便稀如水，色绿且臭，多为肠热泄泻；便如黏冻，夹有脓血，则属痢疾；大便带血者，多为热伤血络。

小便黄赤、量少者，多属热症；小便混浊如米汤状，为湿浊下注或消化不良；小便清长，或夜间遗尿为肾阳虚、下元不固的表现。如见大便色白、小便赤黄，则应考虑有黄疸病变。

5. 察指纹

察指纹是对 3 岁以内小儿的一种诊法，可补充切脉之不足。指纹是指从虎口直至食指内侧上缘所显现的脉络，分为风、气、命三关。近虎口第 1 节为风关，第 2 节为气关，第 3 节为命关（见图 3-3）。正常小儿的指纹

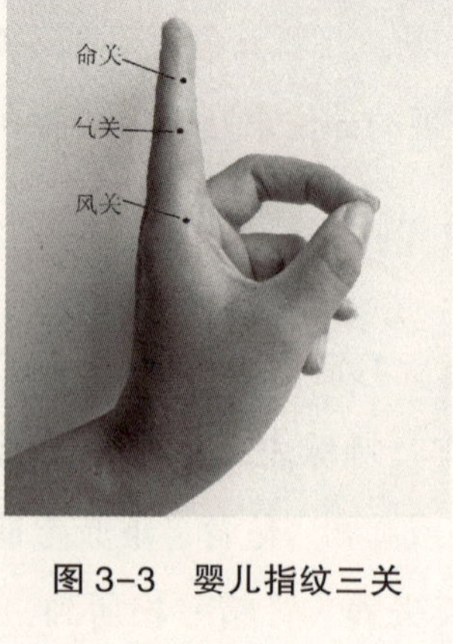

图 3-3　婴儿指纹三关

是红黄隐隐，不显于风关以上。

病态指纹的疾病辨证如下：

浮沉分表里：指纹浮露为病邪在表；指纹深沉为病邪在里。

红紫辨寒热：指纹色红主寒；色紫主热；色青主惊、主痛、主抽搐；青紫主热毒深重、血络郁闭的危症。

淡滞定虚实：指纹色淡主虚；色深郁滞，推之不畅主实症。

三关测轻重：指纹现于风关，病情清浅易治；指纹现于气关，病邪深入，病情较重；指纹现于命关透关射甲，病多危重。

二、闻诊

闻诊是诊断者运用听觉和嗅觉来诊断疾病的方法。“听”主要是听小儿的啼哭、咳嗽、语言等，“嗅”主要是闻小儿的口气、大小便气味等。

1. 闻声

小儿生病常伴有哭闹，如果声音响亮，气力充足，虽病易治；如声音低微，呼吸急促，则说明病情严重。

如果小儿咳嗽痰喘，则是风热伤肺；两鼻翕动，呼吸困难多是肺炎；喷嚏不断、鼻流清涕是伤风感冒；阵阵啼哭多是腹痛；哭时头向后仰多是大热惊风；声音低微是气血衰弱之兆；狂言谵语是实热；静默不言、啼而无泪是虚寒。

2. 闻气味

小儿呕吐物如有酸腐味，多为伤食呕。

小便短赤，气味臊臭为湿热下注。

大便热臭、酸腐多为伤食泄等。

三、问诊

问诊是收集小儿病情资料的重要方法之一。由于婴幼儿不会说话，较大儿童也难以用语言准确表达自己的病情，所以问诊主要靠通过询问家长了解小儿身体情况。

1. 问年龄

年龄对诊断疾病具有重要意义，儿科某些疾病往往与年龄有密切关系，儿童用药的剂量也与年龄相关。

1 周内的新生儿易患脐风、胎黄、脐湿、脐疮等；新生儿易患鹅口疮、脐突、夜啼；婴幼儿易患泄泻；6 个月以后的婴儿易患麻疹；1 岁左右的婴幼儿易患幼儿急疹等传染病；学龄前小儿易患水痘、百日咳等传染性疾病。

问年龄，就是要询问实足年龄。新生儿应问明出生天数；2 岁以内的幼儿应问明实足月龄；2 岁以上的小儿，应问明实足岁数及月数。

2. 问病情

（1）问寒热。主要问寒热的进退、发作及持续时间，体温高低（用体温计精确测量）。

小儿恶寒、发热无汗，多为外感风寒；发热有汗，多为外感风热；寒热往来，多为邪郁少阳；但热不寒为里热，但寒不热为里寒；大热、大汗、口渴不已为阳明热盛；发热持续、热势鸱张、面黄苔厚为湿热蕴滞。夏季高热，持续不退，伴有无汗、口渴、多尿，秋凉后自平，常为夏季热。午后或傍晚低热，伴盗汗者，为阴虚燥热；夜间发热，腹壁手足心热，胸满不食者，多为内伤乳食。

（2）问饮食。不思饮食，或所食不多，兼见面白神疲，为脾胃虚弱；若腹部胀满，纳食不下，或兼呕恶，为乳食积滞；嗜食异物，多为虫症、疳症。热病时渴饮为津伤；渴而不欲饮或饮而不多，为湿热内蕴。

（3）问睡眠。小儿睡眠总以安静为佳。年龄越小，睡眠时间越长。小儿白天如常，夜不能寐，啼哭不休，或定时啼哭者，为夜啼；睡眠不安，烦躁不宁，多属邪热内蕴；睡眠不安，多汗易受惊吓，常见于佝偻病、脾虚肝旺症；睡中磨牙，或因虫积，或因胃热上薰；肛门瘙痒，多因有蛲虫；睡中露睛，多为久病脾虚；入夜心怀恐惧而难寐，多为心神失养或惊恐伤神；睡眠不宁，辗转反侧，喜俯卧者，多为气血失和；昏睡或嗜睡者，多为热病，邪入心包。

（4）问汗。问汗主要是询问出汗的多少、部位、时间等。若在白天出汗较多，稍动尤甚，不发热者，为气虚卫外不固的自汗；入睡则汗出，醒后汗止，为阴虚或气阴两虚的盗汗。热病中汗出热不解者，为表邪入里；口渴、烦躁、脉大、大汗者，为里热实症；大汗淋漓，伴呼吸喘促，肢冷脉伏者，为阳气将绝、元气欲脱之危象。头部汗出者多表虚、里热或阳热上蒸；上半身汗出者较全身出汗病症轻；全身出汗者病症重。前半夜出汗者多营不内守，后半夜出汗者多阴虚阳浮。

（5）问头身。头痛而兼发热、恶寒为外感风寒；头痛呕吐、高热抽搐，为邪热入营，属急惊风；头晕而兼发热，多因外感；头晕而兼面白乏力多为气血不足；肢体酸痛而兼发热，多为外感或邪阻经络。

（6）问二便。问大小便的量、性状、颜色、气味及排便时的感觉。大便溏薄不化，或先干后溏、次数较多，或食后欲便者，多为脾虚运化失职；便泻日久、形瘦脱肛者，多为中气下陷；便时哭闹不安，多为腹痛；小便刺痛、点滴不尽，或见尿血鲜红，或排出砂石者，为湿热熬结成砂，灼伤血络；小便清长，夜间遗尿量多、色清者，为肾气不足，下元虚冷。

（7）问胸腹。若胸胀满而频咳，为风邪束肺；若胸闷心悸、乏力头晕、五心烦热，常为心之气阴不足；若腹部疼痛，能触及条索状包块且以脐周为主，则为蛔虫症。

3. 问个人史

小儿个人史包括出生史、喂养史、生长发育史、预防接种史等。另外，在问诊中尚需注意问清发病时间及经过、病因及治疗情况，即主要叙述现病史；以往曾患何种疾病、治疗效果，即既往病史；家庭人员健康状况，即家族史等问题。

四、切诊

切脉也就是诊脉，是中医诊断疾病的重要方法之一，是指医生用手对小儿身体某些部位进行触摸，通过医生触摸的感觉以及小儿的反应，来诊察疾病的一种方法。历史上扁鹊、张仲景、华佗、孙思邈等众多伟大的医学家都是诊脉的“高手”。切诊包括脉诊和按诊两个方面，是诊断儿科疾病的辅助手段。

1. 脉诊

小儿脉诊主要有浮、沉、迟、数、有力、无力六种基本脉象，用以辨别疾病的表里、寒热、虚实。浮脉轻按能触，多见于表症；沉脉重按才能触及，多见于里症；迟脉脉搏迟缓，来去极慢，多见于寒症；数脉是脉搏频速，来去急促，多见于热症；脉动有力为实症，无力为虚症。

2. 按诊

按诊包括按压和触摸头囟、四肢、皮肤、胸腹等。

（1）按头囟。正常小儿前囟闭合的时间为12~18个月，后囟闭合的时间为6~8周。按察小儿头囟的大小、凹凸、闭合的情况以及头颅的坚硬程度等，可以判断小儿身体状况。囟门隆凸，按之紧张，多为风火痰热上攻，肝火上亢，热盛生风；囟门凹陷，为囟陷，常因阴津大伤，若兼头颅骨软者为气阴虚弱，精亏骨弱；颅骨按之不坚而有弹性感，多为维生素D缺乏性佝偻病；囟门迟闭者为肾气不足。

（2）触四肢。平时手足冷者多为阳气虚弱；手足心发热多为阴虚内热或内伤乳食。高热时四肢厥冷为热深厥深；四肢厥冷，面白唇淡者，多属虚寒；四肢厥冷，唇舌红赤者，多属真热假寒之象；四肢挛急抽动，为惊风之症。

（3）按皮肤。肤冷汗多为阳气不足；肤热无汗为热闭于内；肤热汗出，为热蒸于外；皮肤干燥失去弹性，为吐泻阴液耗脱之症。肌肤肿胀，按后随手而起，属阳水水肿；肌肤肿胀，按后凹陷难起，属阴水水肿。

（4）按胸胁。胸骨凸出，前后径增大，称为鸡胸；胸骨后凸，如龟之背，则是骨疳；胸骨凹陷，呈漏斗状，称漏斗胸；肋骨串珠、肋缘外翻等均是佝偻病的表现。正常肝下界在右锁骨中线肋缘下，婴儿不超过2厘米，学龄期儿童肋缘下一般不应触及肝。正常新生儿脾脏在左肋缘下1～2厘米处可扪及，1岁以后将触及不到。正常肝、脾质地软，无压痛。髓外造血、充血、感染、胆汁潴留等因素及代谢病、肝脾占位性疾病等，均可导致肝、脾肿大及质地改变。

（5）按腹部。正常小儿腹部柔软、温和，按之不胀、不痛。按察腹部时，右上腹胁肋下触及痞块，或按之疼痛，为肝肿大；左上腹胁肋下触及痞块，为脾肿大，多为气滞血瘀之症。剑突下疼痛多属胃脘痛；脐周按痛，有条索状包块，推之可散者，多为虫症；形体瘦，腹胀青筋显露，多为疳积。

一般来说，腹痛喜按，多为虚寒；腹痛拒按，多为实热；腹部胀满，叩之如鼓者为气胀；叩之音浊，按之有液体波动之感，脐凸者，多有腹水；右下腹按之疼痛，兼发热，多属肠痈。

第三节 小儿疾病辨证概要

一、八纲辨证

八纲辨证是根据四诊取得的材料进行综合分析，以探求疾病的性质、病变的部位、病势的轻重、机体反应的强弱、正邪双方力量的对比等情况，归纳为阴、阳、表、里、寒、热、虚、实八类症候，是中医辨证的基本方法。在诊断疾病的过程中，八纲辨证可起到执简驭繁、提纲挈领的作用。

疾病的表现基本可以归纳到表里、寒热、虚实、阴阳八纲之中，表里是辨别疾病病位的纲领，寒热是辨别疾病性质的纲领，虚实是辨别人体正气强弱和病邪盛衰的纲领，阴阳是辨别疾病性质的总纲领。

阴阳的偏颇，阳盛或阴虚则为热症，阳虚或阴盛则为寒症；邪正的盛衰，邪气盛的叫实症，正气衰的叫虚症。因此，八纲辨证就是把千变万化的疾病，按照表与里、寒与热、虚与实、阴与阳来加以分析，使病变中各个矛盾充分显露，从而抓住其在表在里、为寒为热、是虚是实、属阴属阳的矛盾，这是八纲的基本精神。

二、脏腑辨证

脏腑辨证是根据脏腑的生理功能和病理特点，辨别脏腑病位及脏腑阴阳、气血、虚实、寒热等变化，为治疗提供依据的辨证方法。脏腑辨证以五脏、六腑、奇恒之腑的生理功能、病理特点为临床分析辨证的依据。脏腑辨证主要用于内伤杂病辨证，也常在外感病中作为辅佐辨证方法使用。

三、卫气营血辨证

卫气营血辨证由清代温病学家叶天士所创，是外感热病常用的一种辨证方法，它代表病症浅深的四个不同层次或阶段，用以说明某些温热病的病情轻重、病变部位、各阶段病理变化和疾病的变化规律。这就是中医常说的“卫之后方言气，营之后方言血”的道理。温病的发展，一般是按卫、气、营、血这四个阶段转变的。病在卫分或气分为浅，在营分或血分则为深。

中医把感染性热性病统称为温热病。温热病的发病特点是起病急、发展快、变化多，如常见的感冒、流感、麻疹、肺炎、流脑、乙脑、伤寒、流行性出血热等多属温热病范畴，中医多按卫气营血来进行辨证论治。小儿属于稚阴稚阳之体，易受温热病邪侵袭，因此，各种温病在儿科发病率很高。

卫气营血的四个阶段不是孤立的，而是相互联系、相互影响的。如有的在起病之初，不一定出现卫分症候，而直接向气、营、血分转变；也有的卫分症候未消除，而气分症候即已经出现，或气分症候仍在，而营、血分症候却迭见等。

国内有人通过临床诊治和实验研究探讨温热病的转变规律，认为温热病的“卫气营血”各期的症候有一定的病理学基础，其转变规律与某些急性传染病的病情发展有相似之处。

“卫”主一身之表（体表的防卫力），是温热病的初期阶段。虽然由于季节和气候的不同，卫分症候的表现可能不一样，但都有其共同的症候，如风温、暑温、湿温、秋燥等表症，以及发热恶寒、热重寒轻、苔白、口微渴或不渴、咳嗽、脉浮或濡数等症候。以上主要为上呼吸道炎症的体表神经血管反应。

气分病的出现多晚于卫分症候，在病理上，多以毒血症的症状和由高热所致的体液与电解质代谢紊乱为主。此时，实质脏器可见功能紊乱，并伴随有关传染病的特异病理变化。

营分病是温热病时气分症候继续发展的症候，其病理变化以中枢神经系统的组织坏死较为突出，伴随凝血系统紊乱以及血管壁的受损加重。

血分病是温热病的危重阶段，其病变的主要表现为中枢神经系统紊乱，心、肺、肝、肾等多种脏器的严重损害，人体反应性和抵抗力明显减弱。

四、六淫病因辨证

风、寒、暑、湿、燥、火为天之六气，属于正常的气候变化。当人体正气不足，不能适应气候变化，或气候出现异常，正气无法与之抗衡时，六气就成为致病的原因，称为六淫。

六淫的发病特点有三个：一为有季节性，如冬多寒病、夏多暑病，且常与气候的急骤变化有关。二为可单独为病，亦可数淫同病，如风、寒、湿三气杂至，合而为病。六淫还可相互转化，如风寒化热、湿邪郁久化热、化燥等。三为病由外邪侵入所致，故发病之初常见表症，随病势发展而逐渐出现里症。

五、气、血、津液辨证

气、血、津液辨证是运用脏腑学说中气、血、津液的理论，分析气、血、津液所反映的症候来辨证论病的一种诊断方法。

由于气、血、津液都是脏腑功能活动的物质基础，而它们的生成及运行又有赖于脏腑的功能活动，因此，脏腑发生病变时会影响到气、血、津液的变化，而气、血、津液的病变，也必然影响脏腑的功能。气、血、津液的病变与脏腑密切相关。

六、小儿疾病辨证分型表

表 3-4　表里辨证

临床症候 / 属性 / 类别	表	里
疾病部位	皮肤、肌肉	体腔、脏腑
症状	恶寒，发热，头痛，身痛，鼻塞，喷嚏，无汗或有汗等	潮热，不恶寒但恶热，烦躁气短，腹痛，呕吐，二便闭结或大便稀溏泄泻
脉象或舌苔	脉浮，苔薄白或无苔	脉沉，苔黄燥或白滑

表 3-5 寒热辨证

临床症候 属性 类别	表	里
望	精神不振，似有睡意，喜欢蜷卧，畏寒，闭目不欲见人，爪甲青紫，舌质淡或无苔，或有白苔滑而湿润等	神气充实，躁动不安，喜仰卧，扬手掷足，面赤貌盛，唇干，眼赤，舌质红，苔黄而燥，或生芒刺，或干黑等
闻	懒言，少气，语声无力，痰多而稀薄清白，咳声重浊	多言，气粗，语声有力，痰少，咳声清高，口臭等
问	脘腹隐痛，遇暖则减，口不渴，不欲饮或喜热饮，唾液多，小便清长，大便稀溏，或泻下清冷等	烦渴多饮或喜冷饮，唾液少，小便或赤或黄，大便秘结，或者泄下热臭
切	脉诊：沉、迟而无力 触诊：手足不温	脉诊：浮、数而有力 触诊：手足温

表 3-6 虚实辨证

临床症候 属性 类别	表	里
症状	自汗盗汗，手足厥冷，下利清谷，小便不禁，心悸，声低胆怯，腹胀时轻时重，痛而喜按，久病，体弱	口渴，身大热，腹胀不减，痛而拒按，大便燥结，小便热痛，谵语狂躁，体壮，新病
脉象	浮、中、沉取均无力	浮、中、沉取均有力
舌苔	舌质淡而胖嫩，苔薄白	舌质红绛，苔黄厚或厚腻

表 3-7 脏腑辨证

表 3-7-1 心病辨证虚症表

临床症候 / 属性 / 类别	心病虚症辨证分型				
	心气虚	心阳虚	心阳暴脱	心血虚	心阴虚
共同特征	心悸怔忡，胸闷气短，活动后加重，自汗			心悸怔忡，失眠多梦	
自有特征	面色淡白，气短懒言，善惊易恐	畏寒肢冷，心痛，面色白或晦暗	突然冷汗淋漓，四肢厥冷，呼吸微弱，面色苍白，口唇青紫，神志模糊或昏迷	头昏眼花，健忘，面色淡白或萎黄，唇色、脸色淡	五心烦热，午后潮热，盗汗，两颧发红
脉象	脉虚	脉微细	脉微细欲绝	脉细弱	脉细数
舌苔	舌淡，苔白	舌淡胖，苔白滑	舌质淡紫清滑	舌淡	舌红少津

表 3-7-2 心病辨证实症表

临床症候 / 属性 / 类别	心病实症辨证分型			
	心脉瘀阻	寒凝心脉	痰迷心窍	痰火扰心
共同症状	心胸痛引肩背或内臂痛，时作时止		喉中痰鸣，神识不明	
自有特征	痛如针刺	胸突发剧痛，得温痛减，畏寒肢冷	面色晦滞，表情淡漠，脘闷恶心，或突然昏迷，不省人事，口吐涎沫	发热气粗，面红目赤，躁狂谵语，心烦失眠，痰黄稠，便秘，尿黄
脉象	脉细涩或结代	脉沉迟或沉紧	脉滑	脉滑数
舌苔	舌紫暗或见瘀斑瘀点	舌淡，苔白	舌苔白腻	舌红，苔黄腻

表 3-7-3　肺病辨证虚症表

类别 \ 临床症候 \ 属性	肺病虚症辨证分型		
	肺气虚	肺阴虚	肺阳虚
临床表现	咳喘无力，气短不足以息，动则尤甚，痰清稀，面色淡白，声音低怯，神疲体倦，自汗畏风，容易感冒	干咳无痰或痰少而黏，不易咳出，甚至痰中带血，口燥咽干，声音嘶哑，形体消瘦，五心烦热，午后潮热，盗汗，颧红	面色晦暗或苍白，咳喘无力，痰白清稀状如泡沫，气短乏力，胸闷，畏寒，头面四肢微肿
脉象	脉虚	脉细数	脉虚缓或迟而无力
舌苔	舌淡，苔白	舌红，少苔	舌淡暗胖嫩，苔白滑

表 3-7-4　肺病辨证实症表

类别 \ 临床症候 \ 属性	肺病实症辨证分型					
	风寒犯肺	风热犯肺	燥邪犯肺	痰湿阻肺	痰热壅肺	肺热炽盛
临床表现	咳嗽气喘，痰色白稀，微恶寒，发热，鼻塞，流清涕，身痛，无汗	咳嗽，痰黄稠，发热，恶风，鼻塞，流黄浊涕，咽痛，口渴	干咳无痰或痰少难咳，胸痛，痰中带血，咽干口燥，发热，微恶寒，全身酸痛	咳嗽痰多，色白易咳，胸闷，气喘，痰鸣，甚则张口抬肩，不能平卧	咳嗽，痰黄而黏或咳脓血臭痰，壮热烦渴，胸痛鼻翕，尿黄便干	发热，面赤，气粗，咳嗽，气喘，胸痛，尿痛，尿黄便干
脉象	脉浮紧	脉浮数	脉浮数或浮紧	脉滑	脉滑数	脉数
舌苔	舌苔薄白	舌尖红，苔薄黄	舌红苔薄白或薄黄而干	舌淡，苔白腻	舌红，苔黄腻	舌红，苔黄

表 3-7-5　脾病辨证表

属性 / 临床症候 / 类别	脾病辨证分型					
	脾气虚	脾虚下陷	脾不统血	脾阳虚	寒湿困脾	湿热蕴脾
临床表现	纳呆腹胀，大便溏薄，少气懒言，倦怠乏力，面色微黄	除具有脾虚症表现外，头昏目眩，脘腹坠胀，便意频数，肛门重坠或久泄久沥，脱肛，胃下垂	除具有脾虚症表现外，尚有面色无华，并见出血（如便血，尿血，肌衄，齿衄）等	纳呆腹胀，脘腹冷痛绵绵，喜温喜按，泛吐清水，口淡不渴，形寒肢冷或肢体浮肿	脘腹痞闷，重则胀痛，纳呆便溏，泛恶欲吐，口淡不渴，头身困重或身目发黄，其色晦暗如烟熏	脘腹痞闷，呕恶纳呆，肢体困重，小便黄短，大便溏泻不爽或身目发黄,其色鲜明如橘,或身热汗出肤痒
脉象	脉缓弱	脉弱	脉细弱	脉沉迟无力	脉濡缓	脉濡数
舌苔	舌淡，苔白	舌淡	舌淡，苔白	舌淡胖有齿印，苔白滑	舌淡胖，苔白腻	舌红，苔黄腻

表 3-7-6　肝病辨证表

属性 / 临床症候 / 类别	肝病辨证分型				
	肝郁气滞	肝火炽盛	肝胆湿热	肝阴血虚	肝阳上亢
临床表现	胁肋胀闷窜痛，易怒，善叹息	头昏胀痛，面红目赤，口苦咽干，急躁易怒，胁肋灼痛，尿黄便结	胁肋胀痛灼热，腹胀口苦泛恶，大便不调，小便短赤，身目鲜黄如橘色	眩晕耳鸣，两目干涩，视物模糊，爪甲不荣，或见肢体麻木，手足、肌肉震颤	眩晕耳鸣，面红目赤，急躁易怒，失眠多梦，头重脚轻，腰膝酸软，甚则突然昏倒，不省人事
脉象	脉弦	脉弦数	脉弦数或滑数	脉细数	脉弦数
舌苔	舌淡红，苔薄白	舌红，苔黄	舌红，苔黄腻	舌红，少津	舌红，苔少

表 3-7-7 肾病辨证表

临床症候 \ 属性 类别	肾病辨证分型			
	肾精不足	肾阳虚	肾阴虚	肾气不固
临床表现	发育迟缓，囟门早闭，智力低下，身材矮小，动作迟钝，骨骼萎软	腰膝酸软，畏寒肢冷，面色淡白，神疲乏力，大便稀溏，五更泄泻，小便清长，夜尿多	腰膝酸软，眩晕耳鸣，失眠多梦，潮热盗汗，五心烦热，咽干颧红	腰膝酸软，神疲乏力，小便频数或尿后余沥不尽，遗尿，小便失禁，夜尿多。脱肛，大便失控
脉象	脉细弱	脉沉细无力	脉细数	脉弱
舌苔	舌淡	舌淡，苔白	舌红，少苔	舌淡，苔白

表 3-7-8 胃病、小肠病辨证表

临床症候 \ 属性 类别	胃病、小肠病辨证分型				
	食滞胃脘	胃热炽盛	寒凝胃脘	胃阴不足	小肠实热
临床表现	脘腹胀痛，吞酸嗳腐，呕吐酸腐食物，吐后痛减，或腹痛泄泻，泻后痛减，泻下物酸腐臭秽	胃脘灼痛，吞酸嘈杂，食入即吐，口臭，渴喜冷饮，便秘尿黄，消谷善饥，牙龈肿痛溃烂，齿衄	胃脘冷痛，甚至剧痛，得温痛减，恶心欲吐，口淡不渴，口泛清水，形寒肢冷	胃脘隐隐灼痛，饥不欲食，口燥咽干，干呕呃逆，大便干结，小便短少	心烦失眠，面赤口渴，口舌生疮，溃烂灼痛，小便赤涩，尿道灼痛，尿血
脉象	脉滑	脉滑数	脉迟或弦	脉细数	脉数
舌苔	舌苔厚腻	舌红，苔黄	舌淡，苔白滑	舌红，少津	舌红，苔黄

表 3-7-9　大肠病、膀胱病、胆病辨证表

属性 / 临床症候 / 类别	大肠病、膀胱病、胆病辨证分型				
	大肠湿热	肠热腑实	大肠虚寒	膀胱湿热	胆郁痰扰
临床表现	腹痛，下痢脓血，里急后重，爆注下泻，色黄臭秽，肛门灼热，小便短赤，发热，烦渴	日晡潮热，脐腹胀痛，大便秘结，热结旁流，神昏谵语，狂乱不眠	大便失禁，利下无度，脱肛，腹部隐痛，喜温喜按，畏寒肢冷	尿频尿急，尿道灼痛，小腹胀痛，小便短赤浑浊，或尿血，尿中见砂石，伴有发热，腰痛	胆怯易惊，惊悸不宁，烦躁不安，失眠多梦，眩晕耳鸣，胸胁满闷，口苦欲呕
脉象	脉滑数	脉沉实或滑数	脉沉弱	脉滑数	脉弦数
舌苔	舌红苔黄腻	舌红苔黄燥	舌淡，苔白滑	舌红，苔黄腻	舌红，苔黄腻

表 3-7-10　卫气营血辨证表

属性 / 临床症候 / 类别	卫气营血辨证分型			
	卫分症	气分症	营分症	血分症
临床表现	发热，微恶风寒，伴头痛，鼻塞，口干微渴，咳嗽，咽喉肿痛	发热，不恶寒反恶热，心烦，口渴，汗出，尿赤	身热夜甚，口不甚渴或不渴，心烦不寐，神昏谵语，斑疹隐隐	身热夜甚，烦热躁扰，甚则昏狂谵语，斑疹显露，色紫或黑，吐血，便血，尿血
脉象	脉浮数	脉数	脉细数	脉细数
舌苔	舌苔尖红，舌薄白或薄黄	舌红，苔黄	舌红绛	舌质深绛

表 3-7-11　气血辨证表

临床症候 属性 类别	气血辨证分型				
	气滞	血瘀	血热	气滞血瘀	气血两虚
临床表现	局部或全身胀痛，痞满，时轻时重，走窜不定，按之无形，常因不良情绪诱发或加重	局部刺痛，痛处不移而拒按，常夜间加重，或有肿块，质地较硬，推之不移。面色紫暗，爪甲青紫	咳血，吐血，鼻衄，齿衄，尿血，便血，肌衄，血色鲜红质稠，身热夜甚，面红目赤，口干尿赤，甚至神昏谵语	胸胁胀闷，走窜疼痛，性情急躁，肋下痞块，刺痛拒按	面色淡白无华或萎黄，气短懒言，眩晕心悸，神疲乏力，失眠健忘，唇爪色淡，自汗
脉象	脉弦	脉涩	脉滑数	脉涩	脉细弱
舌苔	舌淡红，苔薄白	舌质紫暗，或有瘀斑点	舌质红绛	舌紫暗，或有瘀点瘀斑	舌淡而嫩

表 3-7-12　痰饮辨证表

临床症候 属性 类别	痰饮辨证分型				
	痰结局部	痰饮（饮停胃肠）	溢饮（饮停四肢）	悬饮（饮停胸肋）	支饮（痰湿阻肺）
临床表现	梅核气，肢体麻木，半身不遂，痰核，乳癖	呕吐清稀涎水，脘痞腹胀，胃脘振水音，肠鸣辘辘，大便泄泻，或腹部胀大，按之有波动感如水囊，叩之音浊	水肿，按之肌肤凹陷不能即起，小便短少，当汗出而不汗出，肢体疼痛	胸胁饱满胀痛，按之有波动感，睡时咳嗽，转侧则痛剧	咳嗽痰多，色白清稀易咳，胸闷气喘痰鸣，甚则张口抬肩不能平卧
脉象	脉弦或滑	脉濡或滑	脉滑或弦滑	脉弦紧或弦滑	脉滑
舌苔	舌苔白腻	舌淡，苔白	舌淡，苔白腻	舌苔白腻	舌淡，苔白腻

第四章

小儿推拿的操作要求

本章学习目标

1. 了解小儿推拿的保健特点。
2. 掌握小儿推拿的注意事项和禁忌。
3. 正确选择小儿推拿的介质。

第一节　小儿推拿的保健特点与禁忌

一、小儿推拿的保健特点

小儿推拿的作用可概括为平衡阴阳、调和脏腑、疏通经络、行气活血、扶正祛邪，保健特点如下。

1. 提高小儿免疫力

大量的临床实践证明，小儿推拿不但具有增强小儿免疫力的作用，对小儿气血充盈、饮食不偏、食欲旺盛、正常发育等也大有裨益。

小儿推拿的强身防病功能主要体现在两个方面：一是未病先防，通过按摩，使小儿经络通畅、气血调和、正气充足，从而起到未病先防的功效；二是防病传变①，小儿得病后传变较快，容易发生危急状态，而推拿可以起到防止传变以及发生危急病症的作用。

2. 缓解小儿病痛

当小儿生病时，可以通过按摩其身体的某一部位，使其体内相应的脏腑产生生理变化，从而达到治疗疾病的作用。小儿推拿的治疗范围非常广，可以治疗发热、感冒、咳嗽、流口水、腹痛、腹泻、便秘、厌食、遗尿、夜啼等多种常见疾病，有效缓解小儿病痛。

二、应慎用小儿推拿的情况

小儿推拿虽然绿色健康、操作安全、运用广泛，但并非对所有小儿都适用，当小儿处于以下情况时，应慎用或停止推拿。

1. 皮肤有伤

如果小儿暴露在外的皮肤曾经受到过伤害，如烧伤、擦伤、烫伤、裂伤等，特别是有疥疮、皮肤炎症、脓肿、不明肿块的小儿，推拿时千万要避免碰到受伤的地方。

2. 感染性疾病

身患骨髓炎、骨结核、蜂窝组织炎、丹毒等感染病的小儿不适合做推拿。

3. 恶性肿瘤及骨伤

有恶性肿瘤，或是身体上有骨伤，外伤没有康复的小儿不适宜做推拿。

4. 急性传染病

患有诸如肺结核、猩红热、水痘、病毒性肝炎、梅毒等急性传染病的小儿不适宜做推拿。

5. 心脏病或精神病

有较严重的心脏病或精神病等病症的小儿不适宜做推拿。

---

① 疾病传变是指病变部位在脏腑经络等之间的传递转移，以及疾病性质的转化和改变。

6. 有出血倾向的疾病

对患有血小板减少性紫癜、白血病、血友病、再生障碍性贫血、过敏性紫癜、出血或内出血的小儿禁做推拿。

7. 有严重症状而诊断不明确的小儿，慎用推拿手法

除了以上禁忌外，在推拿时还应注意手法、力度和方向等，如果应用不当也可能会出现意外和危险，所以要求推拿师熟悉小儿病理知识，熟练掌握小儿推拿手法，保证推拿的安全性和有效性。

第二节　小儿推拿的注意事项

1. 年龄要求

小儿推拿的适用对象一般为6岁以下的小儿，尤其适用于3岁以下的婴幼儿。

2. 环境要求

给小儿推拿时，应选择避风、避强光、噪声小的地方；室内应保持干静、整洁，空气清新，温度适宜。推拿后注意避风，饮食忌生冷。

3. 对推拿师的要求

推拿师要和蔼、有耐心、操作规范、态度认真，随时观察小儿反应；要保持双手清洁，不佩戴戒指、手镯等饰物；指甲要常修剪，刚剪过的指甲，要用指甲锉锉平以免伤及小儿肌肤。冬季推拿时双手宜暖，避免小儿受凉。每为一名小儿推拿完后，都要认真清洗双手，以免交叉感染。

4. 安抚宝宝情绪

小儿过饥或过饱，均不利于按摩疗效的发挥。在小儿哭闹时，要先安抚好其情绪，再进行推拿。

5. 选择推拿介质

小儿皮肤娇嫩，推拿时一般可使用按摩油或爽身粉等介质，以防推拿

时皮肤破损。

6. 手法基本要求

小儿推拿手法的基本要求是：均匀、柔和、轻快、持久。

7. 推拿顺序

一般先头面，次上肢，再胸、腹、腰、背，最后是下肢；也可先重点，后一般；或先主穴，后配穴。拿、掐、捏、捣等强刺激手法，除急救以外，一般放在最后操作，以免小儿哭闹不安，影响推拿的进行。

8. 推拿时间

一般情况下，奶前、奶后30分钟不推拿。一般每日推拿1次，重症小儿每日2~3次，慢性病小儿隔日1次。新生儿每日推拿1~2次，每次10~15分钟，婴幼儿每次15~25分钟，较大小儿每次25~30分钟或根据病情而定。1岁左右的小儿，一个穴位推拿300次，速度以每分钟150~200次为宜。

9. 小儿姿势

在施行手法时要注意小儿的体位姿势，原则上以小儿舒适为宜，既要能消除其恐惧感，还要便于操作。

10. 推拿禁忌

小儿推拿的禁忌有：骨折、创伤性出血；皮肤破损、溃疡；烧伤、烫伤；急性传染病；癌症及危重病症等。

11. 针对性强

每次给小儿推拿最好只针对一种病症，如果保健和治疗目的太多、推拿的穴位太杂，会影响最终效果。

12. 明确诊断

推拿前，必须对小儿的病情有明确的诊断。如果家长不能肯定，请先送小儿去医院就诊。

第三节　小儿推拿的介质

推拿时应用介质在我国有悠久的历史。如《圣济总录》中说："若疗伤寒以白膏摩体，手当千遍，药力乃行，则摩之用药，又不可不知也。"《景岳全书》说："治发热便见腰痛者，以热麻油按痛处揉之可止。"在推拿时使用介质，可以减轻摩擦，避免皮肤损伤，提高疗效。

一、推拿介质的概念

所谓推拿介质，是指推拿者在手上蘸些油、水、酒类物质，置于推拿部位，以减少与皮肤之间的摩擦，有一定药物治疗作用。

推拿介质的作用有：利用介质的作用，增强治疗效果；便于推拿，增强手法；润滑，保护皮肤。

二、介质的种类与作用

目前，临床上运用的推拿介质主要有滑石粉、爽身粉、葱姜汁、冬青膏、薄荷水、木香水、凉水、红花油、传导油、麻油、蛋清等。

（1）滑石粉。医用滑石粉有润滑皮肤的作用，除可减少与皮肤间的摩擦外，还有吸水、清凉的作用。一般在夏季使用，适用于各种病症，是临床上最常用的一种介质，在小儿推拿中运用最多。

（2）爽身粉。即市售爽身粉，有润滑皮肤、吸水的作用，质量较好的爽身粉可代替滑石粉应用。

（3）葱姜汁。将葱白和生姜捣碎取汁使用，亦可将葱白和生姜切片，浸泡于75%的酒精中使用，具有温经散寒、解表的作用，常于冬、春季应用，适用于小儿虚寒症。

（4）冬青膏。由冬青油、薄荷脑、凡士林和少许麝香配制而成，具有温经散寒和润滑作用，常用于软组织损伤及小儿虚寒性腹泻的治疗。

(5) 薄荷水。取 5 克 5% 的薄荷脑，浸入 100 毫升 75% 的酒精内配制而成，具有温经散寒、清凉解表、清利头目和润滑的作用，常用于治疗小儿虚寒性腹泻以及软组织损伤，配合擦法、按揉法使用可加强透热效果。

(6) 木香水。取少许木香，用开水浸泡后放凉去渣使用，有行气、活血、止痛的作用，常用于急性扭伤、挫伤及肝气郁结所致的两胁疼痛等症。

(7) 凉水。即食用洁净凉水，有清凉和退热的作用，常用于外感热症。

(8) 红花油。由冬青油、红花、薄荷脑配制而成，有消肿止痛等作用，常用于急性或慢性软组织损伤。

(9) 传导油。由玉树油、甘油、松节油、酒精、蒸馏水等量配制而成，用时摇匀，有消肿止痛、祛风散寒的作用，适用于软组织慢性劳损和痹症。

(10) 麻油。在推、擦、摩法运用时，麻油可加强手法的透热效果，提高疗效，常用于刮痧疗法。

(11) 蛋清。将鸡蛋壳穿一小孔，取蛋清使用，有清凉去热、祛积消食的作用，适用于小儿外感发热、消化不良等症。

三、介质的选择

1. 根据中医辨证选择介质

根据中医辨证选择介质，即通过辨寒热和虚实选用相应的介质。寒症，用有温经散寒作用的介质，如葱姜水、冬青膏等；热症，用具有清凉退热作用的介质，如凉水、医用乙醇等；虚症，用具有滋补作用的介质，如药酒、冬青膏等；实症，用具有清泻作用的介质，如蛋清、红花油、传导油等。其他症型可用一些中性介质，如滑石粉、爽身粉等，取其润滑皮肤的作用。

2. 根据病情选择介质

根据病情的不同，应选择不同的介质。软组织损伤，如关节扭伤、腱鞘炎等应选用活血化瘀、消肿止痛、透热性强的介质，如红花油、传导油、冬青膏等；小儿肌性斜颈应选用润滑性能较强的滑石粉、爽身粉等；小儿发热应选用清热性能较强的凉水、酒精等。

下　篇

实操技能篇

- 小儿推拿的手法
- 小儿推拿的常用穴位
- 小儿常见疾病的推拿治疗
- 小儿日常保健推拿法

第五章

小儿推拿的手法

本章学习目标

1. 了解小儿推拿手法的特点和基本要求。
2. 掌握小儿推拿基本手法。
3. 掌握小儿推拿常用复式手法。

第一节　小儿推拿手法概要

小儿推拿手法是指根据小儿的生理、病理特点，在小儿机体上操作的特定技巧性动作，具有以下特点和要求。

一、小儿推拿的手法特点

小儿推拿手法作为推拿手法的一类，要求既要达到成人推拿手法均匀、柔和、持久、有力而深透的标准，又要结合小儿特点，做到轻快柔和、平稳着实。轻要轻而不浮，快要快而不乱，柔要柔中有刚，实要实而不滞。

小儿推拿手法的种类较多，有不少手法和成人推拿手法相似，但有的手法虽然在名称上和成人手法一样，但在具体操作要求上却完全不同（如推法等）。常用的有“小儿推拿八法”和捏、拿、捻、擦等手法。有的手法只用于小儿，而不用于成人（如运法）。

小儿推拿对不同的手法有不同的操作时间、次数和力度要求，一般来说以推法、揉法次数较多，摩法操作时间较长，掐法则重、快、少，在掐后常继用揉法，按法和揉法也常配合应用。掐、拿、捏等较强的刺激手法，一般放在最后使用，以防小儿哭闹而影响后面的治疗。在临床应用上，小儿推拿手法经常是和具体穴位结合在一起的，如补肺经（旋推肺经穴）、清肺经（直推肺经穴）、掐四缝（用掐法分别施行于四缝穴）和揉天枢（用揉法施行于天枢穴）等。

二、小儿推拿手法基本要求

小儿推拿手法看似简单易学，但要做到熟练灵活、得心应手，却非短时间内能够掌握。要学好小儿推拿手法，只有认真学习和刻苦锻炼，才能“一旦临证，机触于外，功生于内，手随心转，法从手出”（出自《医宗金鉴》）。

手法的好坏会直接影响治疗效果，若手法不够熟练，就难以达到“体表推拿，体内感应，内外呼应”的目的。小儿推拿手法总的要求是“均匀，柔和，持久有力，要达到深、透”，但在操作中更要注意“轻巧柔和，平稳着实”。另外，各种手法都有其不同要求，如推法要求“轻而不浮，快而着实”，掐法要求“快而重”，摩法要求“轻而不浮，重而不滞”，拿法要求“刚中有柔，刚柔相济”等。

另外，在小儿推拿手法中有“旋推为补，直推为泻”“左揉为补，右揉为泻，左运止吐，右运止泻，缓摩为补，急摩为泻”等说法，有待于进一步实践研究。具体手法的应用，还要结合小儿的体质来选用穴位及确定时间。在具体运用时，也应根据实际情况来定手法的顺逆、轻重缓急，做到因病而治、因人而施，这样才能达到预期的效果。

小儿脏腑娇嫩，形气未充，肌肤柔弱，因此推拿手法要求轻柔、深透，适于达病而所止，不可竭力攻伐。小儿推拿即用药，病好了即可停止。要想熟练运用，就要进行手法练习。

三、小儿推拿补泻方法

小儿推拿的补泻，是由手法刺激的强弱、操作的方向、操作的时间和频率和所选穴位等因素决定的。

1. 力度的强弱

根据应用于体表穴位力度的大小或刺激的强弱手法分补、泻。一般来说，凡力量小、刺激弱、轻快柔和的谓之补法，如揉法、运法；凡力量大、刺激强的谓之泻法，如按法、掐法、拿法等。

2. 操作的方向

根据穴位点、线、面状分布的规律，手法操作分为直线方向和旋转方向两种。

直线方向的操作主要用于推法，如分布在手掌的脾经、肝经、心经、肺经，其补泻方向均相同，即向指尖推为泻，向指根推为补。有些非特定穴在经络线上，如中脘、二阴交等，它们共同的补泻规律是，顺经络行走方向推为补，逆经络行走方向推为泻，顺逆方向来回推属平补平泻。

旋转方向的操作，多用于揉、运、摩等手法。关于推拿的左右旋转补泻，诸书记载不一。有些穴位旋转补泻的效果不甚明显，但是在腹部运用摩腹、揉中脘、揉神阙等手法，旋转补泻的效果就很明显。在临床操作中，一般认为顺时针方向（右）旋转为泻法，逆时针方向（左）旋转为补法，左右顺逆方向来回操作为平补平泻法。

3. 操作的频率和次数

一般来说，对年龄大、体质强，病属实症的小儿，手法操作以次数多、频率快为好；对年龄小、体质弱，病属虚症的小儿则应相对减少次数，降低频率。“大三万，小三千，婴三百，加减量，分岁数，轻重当。”

(出自徐谦光《推拿三字经》)

临床上一般认为1岁左右的小儿，可使用推、揉、摩、运等较柔和的手法操作，一个穴位可推300次左右。一般情况下，小儿推拿一次的总时间为15~30分钟。但由于小儿病情和年龄的不同，在推拿次数和时间上也有一定区别。年龄大、病情重的，推拿次数多，时间相对也长；反之，则次数少，时间短。做保健推拿时，取穴应少，刺激程度应略低，时间可保持在15分钟左右。一般掐、按、拿、搓、摇等手法，只需3~5次即可。总之，通过辨证，只有灵活掌握推拿次数和频率才能提高临床疗效。

四、小儿推拿手法的练习

小儿推拿基本手法的练习可直接用成人身体操作。推、揉、运、按、摩、掐、揉、挤、捏等手法，都可以在成人身体上练习，但要尽量模拟小儿推拿的操作环境。

捏脊法可以在成人背上操作，但成人的皮下脂肪很厚，不易拿捏，且较痛。可先用一手在自己另一手的手背上练习三指捏拿动作，并从手背沿着前臂背侧做“捏三提一”式的推进。推法、揉法等可在小指上练习。

第二节　小儿推拿基本手法

小儿推拿的手法除了按、摩、掐、揉、推、运六法外，在临床上还有很多其他的常用手法。

一、推法

以拇指或食指、中指指腹在一定部位或穴位上沿一定方向往返推动，称推法，分为直推法、旋推法、分推法等。

1. 操作要领

用力柔和、平稳均匀，以每分钟 160~200 次为宜。

2. 推法分类

（1）直推法：以拇指桡侧或指面在穴位上做直线推动，也可用食、中二指指面着力做直线推动（见图 5-1、图 5-2）。

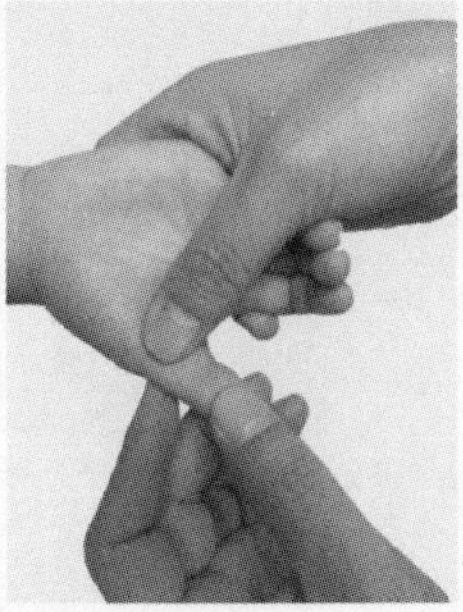

图 5-1 拇指直推

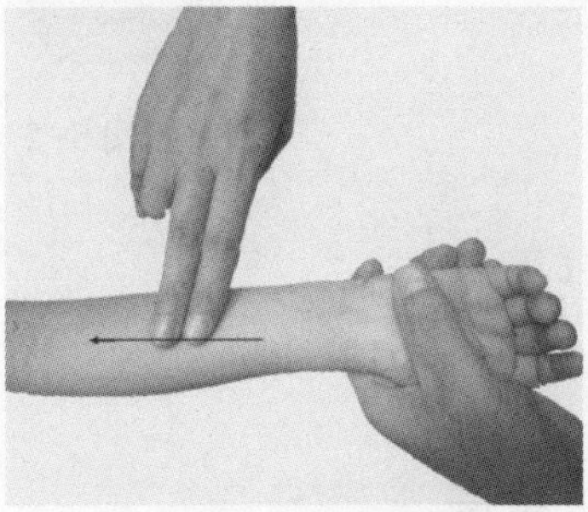

图 5-2 食指、中指直推

（2）旋推法：以拇指面在穴位上做顺时针方向的旋转推动（见图 5-3）。

（3）分推法：用两手拇指桡侧或指面，自穴位中间向两旁分向推动（见图 5-4）。

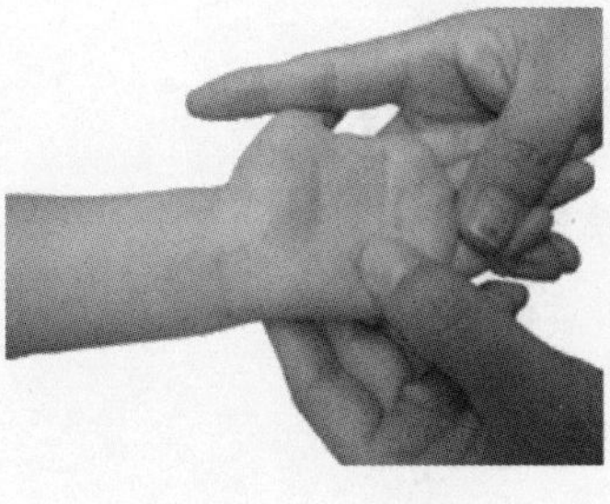

图 5-3 旋推法

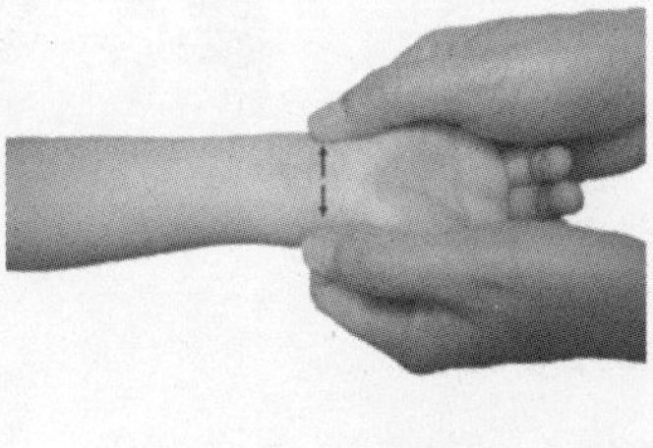

图 5-4 分推法

（4）合推法：以拇指桡侧由穴位两端向中央推动称合推法（见图 5-5）。

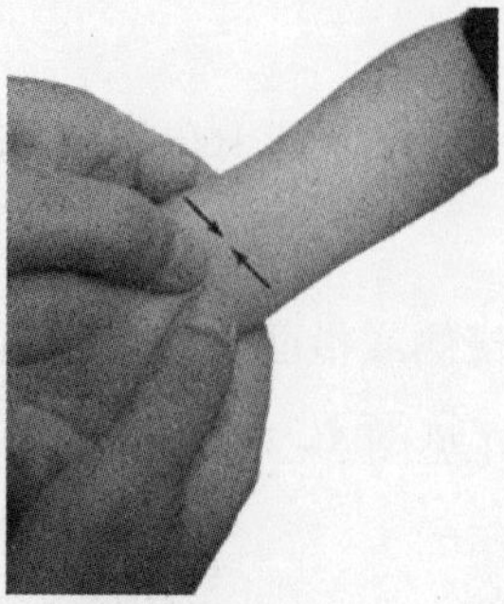

图 5-5　合推法

3. 作用

补虚泻实，消积导滞，健脾和胃。

二、拿法

用拇指、食指、中指，或用拇指和其余四指的指腹，相对用力紧捏一定部位，称为拿法（见图 5-6）。

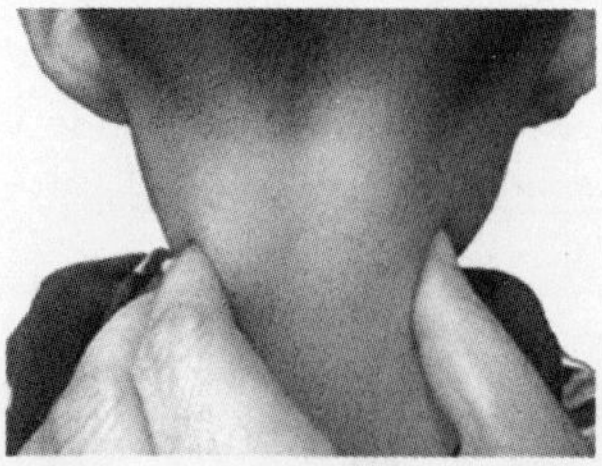

图 5-6　颈部拿法

1. 操作要领

刚中有柔，刚柔相济。

2. 作用

疏经活络，解表发汗，镇静止痛，开窍提神。

三、按法

以拇指或手掌在一定部位或穴位上，逐渐用力按而留之，称为按法，可分为指按法和掌按法（见图 5-7）。

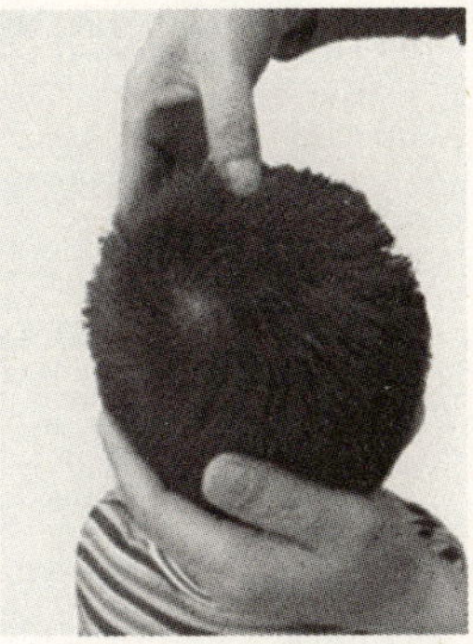

图 5-7 头部按法

1. 操作要领

徐徐用力，稳而持续。

2. 作用

疏经活络，行气活血，止痛。

四、摩法

用掌、指面附着于一定的部位和穴位上，做环形移动，称为摩法，可分为掌摩法和指摩法（见图 5-8、图 5-9）。

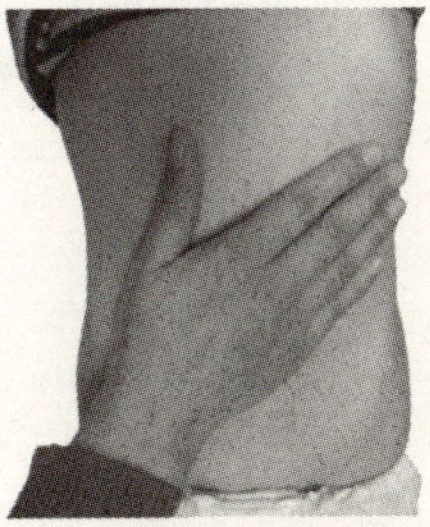

图 5-8 掌摩法

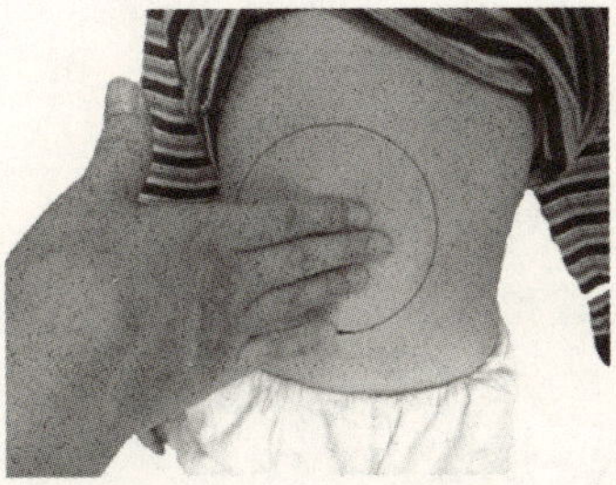

图 5-9 指摩法

1. 操作要领

手法轻柔，用力均匀，每分钟 120~160 次。

2. 作用

宽胸理气，清热化痰，和胃降逆，消积导滞。

五、揉法

用指腹、掌紧贴某一部位回旋揉动，称为揉法，分为指揉法、掌揉法和鱼际揉法。

1. 操作要领

动作柔和，用力均匀，快慢适宜。

2. 揉法分类

（1）指揉法：以指端着力于穴位做环旋揉动（见图 5-10）。

（2）掌揉法：以手掌着力于穴位做环旋揉动（见图 5-11）。

（3）鱼际揉法：以大鱼际着力于穴位做环旋揉动（见图 5-12）。

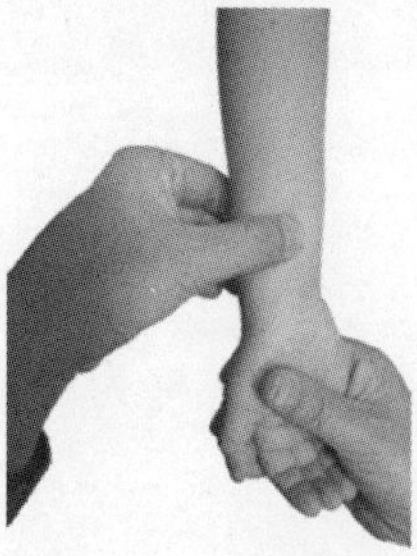
图 5-10　指揉法

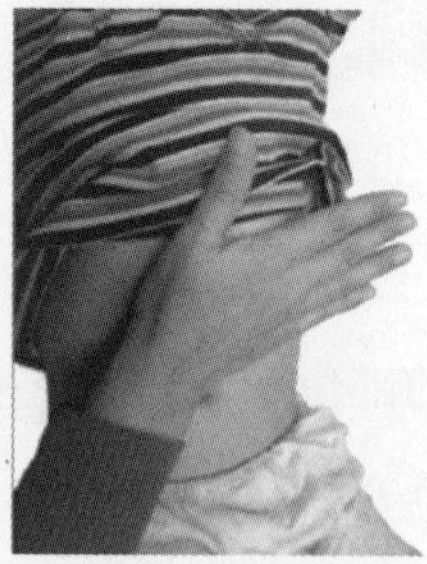
图 5-11　掌揉法

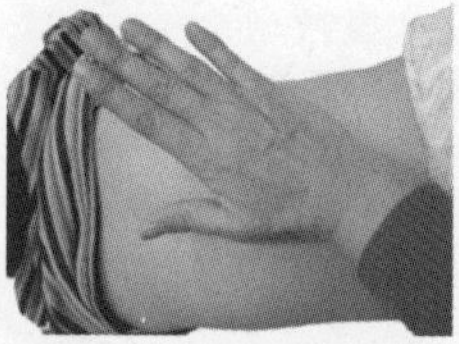
图 5-12　鱼际揉法

3. 作用

健脾和胃，消积化食。

六、运法

用指腹于一定部位上，做弧形或环形移动，称为运法（见图 5-13）。

1. 操作要领

动作轻缓，用力宜轻不宜重，幅度较旋推法稍大。作用力只在皮肤表面，不带动皮下组织。动作频率宜缓不宜急。每分钟 80～120 次，运法的方向常和补泻有关。

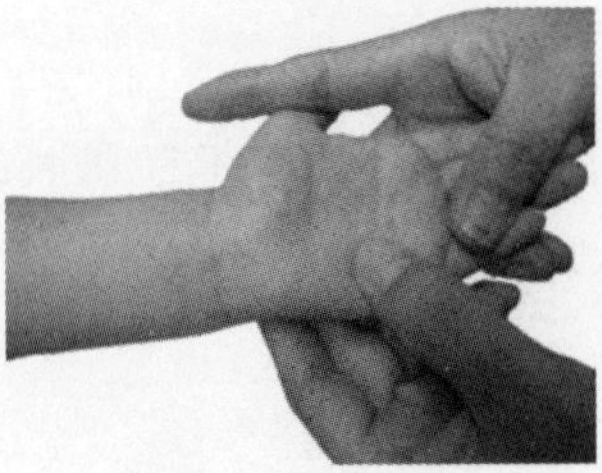

图 5-13 运法

2. 作用

和中健脾，清热除烦。

注意：操作时一般配合使用润滑剂作为介质，以保护小儿皮肤。

七、掐法

用指甲重刺激穴位称为掐法，可分为单指掐和双指掐，适用于头面部和手足部的穴位（见图 5-14）。

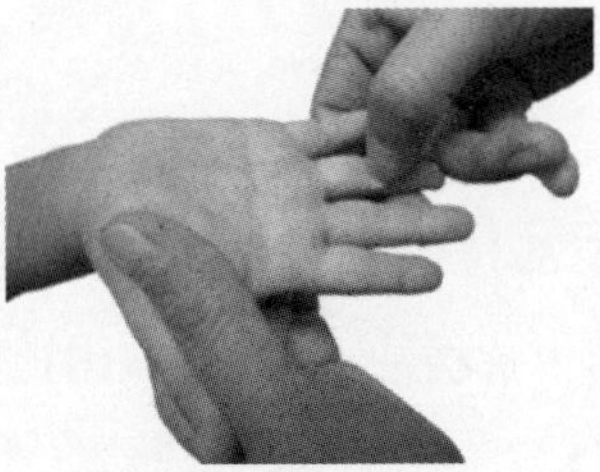

图 5-14 掐法

1. 操作要领

手握空拳，拇指伸直，指腹紧贴在食指中节桡侧缘，以拇指指甲着力，吸定在小儿需要治疗的穴位或部位上，垂直切掐，逐渐用力，用力应适宜。

2. 作用

醒脑开窍。

八、捏法

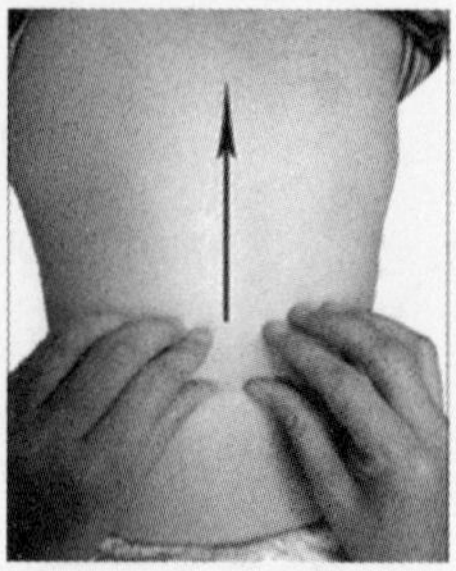

图 5-15 捏法

捏法是手指相对用力于一定部位上捏起肌肤的动作，可分为两指捏和多指捏（见图 5-15）。

1. 操作要领

用力适宜，部位准确。

2. 捏法分类

（1）二指捏：两手略尺偏，两手食指中节桡侧横抵于皮肤，拇指置于食指前方的皮肤处。两手指共同捏拿肌肤，边捏边交替前进。

（2）三指捏：两手略背伸，两手拇指桡侧横抵于皮肤，食指中指置于拇指前方的皮肤处。三手指共同捏拿肌肤，边捏边交替前进。

3. 作用

清热解表，开通闭塞。

九、搓法

以双手掌心挟住一定部位，相对交替用力做相反方向的来回快速搓动，同时做上下往返移动，称搓法（见图 5-16）。

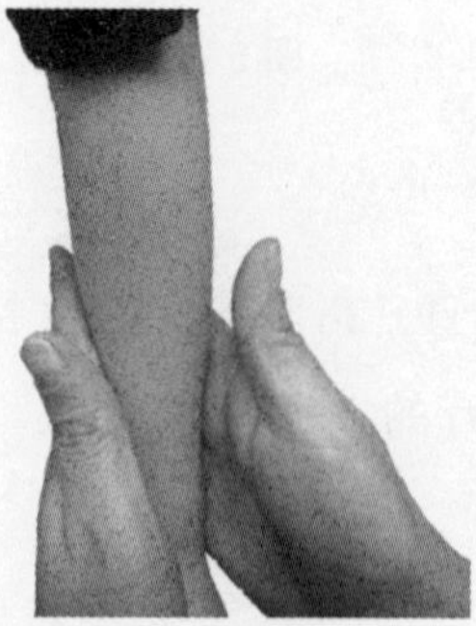

图 5-16 搓法

1. 操作要领

（1）操作时两掌相对用力，前后交替摩动。

（2）动作要协调、柔和、均匀，摩动快，由上向下缓慢移动，但不要间断。

2. 作用

疏经通络，行气活血，放松肌肉，主要用于四肢、躯干和两侧胁肋部。

十、捻法

以拇指、食指螺纹面捏住一定部位，做相对用力捻动，称为捻法（见图 5-17）。

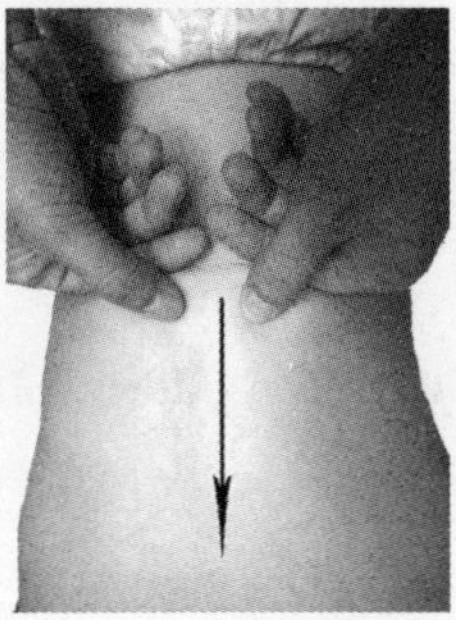

图 5-17 捻法

1. 操作要领

（1）沉肩，垂肘，腕端平。

（2）拇指、食指指面相对用力，捻动时要灵活。

2. 作用

具有滑利关节、消肿止痛的作用，常与其他手法相配合，治疗指（趾）间关节的扭伤而引起的疼痛、肿胀，或屈伸不利等症。一般适用于四肢小关节，也用于后背捏脊。

十一、捣法

捣法是瞬间叩击穴位的方法，可用屈曲的中指指端，或用食指、中指屈曲的指间关节髁（中节）击打（见图5-18）。

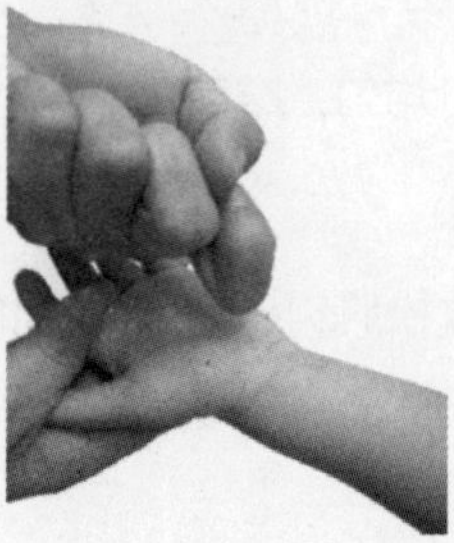

图5-18　捣法

1. 操作要领

（1）一手握持或固定被推拿部位，另一手操作。

（2）指间关节自然放松，以腕关节屈伸为主，像“甩动”腕关节一样。

（3）捣法讲究瞬间发力，如蜻蜓点水，快落快起，起落的距离不能太长。

（4）要保持一定的节奏感和频率。

（5）小儿穴位比大人小，操作时应注意穴位定位，确保击穴准确。

2. 作用

（1）用于点状穴区，特别是四肢关节处，能活络通关、镇惊定志，如捣小天心有改善小儿睡眠和夜啼的作用。

（2）用于头部、额部等肌肉较少之处，有醒脑开窍的作用，可用于小儿遗尿、抽动症、多动症及鼻炎、鼻窦炎、耳鸣耳聋等症。

十二、擦法

擦法是以手掌面、大鱼际或小鱼际着力于选定部位上进行直线来回摩擦的手法（见图5-19）。

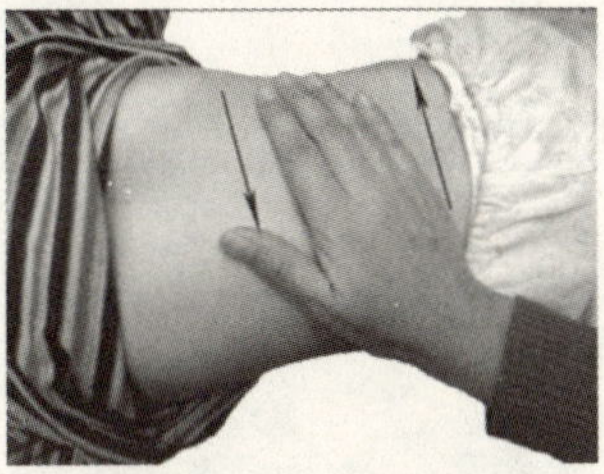

图 5-19 擦法

1. 操作要领

（1）使用擦法时，不论上下方向还是左右方向，都应直线往返，不可歪斜，往返距离要拉长一些。

（2）着力部分要紧贴皮肤，但不要用力压，以免擦破皮肤。

（3）用力要稳，动作要均匀连续，呼吸自然，以透热为度。

2. 作用

（1）临床上，擦法常用穴位有大椎、肺腧、膻中等，主要用来治疗小儿呼吸系统疾病，如感冒、咳嗽、发烧等，也可以用来治疗小儿消化系统、运动系统疾病。

（2）掌擦法热度较低且接触面积大，多用于肩背、胸胁和胸部等面积大而又较平坦的部位，可用来治疗哮喘、腹痛、泄泻等病症。

（3）小鱼际和大鱼际擦法热度相对较高，多用于脊柱两侧、腰背、四肢等部位，可用来治疗各种痛症。

第三节 小儿推拿常用复式手法

小儿推拿复式操作手法，指具有特定动作与步骤、特定名称和主治功能的一类手法。复式操作手法步骤多，为小儿推拿所独有，涉及多穴位、多手法联合运用，疗效较单一手法及穴位显著。

1. **黄蜂入洞**

• 操作：小儿取仰卧位，推拿人员以一手食、中二指并列，置于两鼻孔下，轻揉20~30次（见图5-20）。

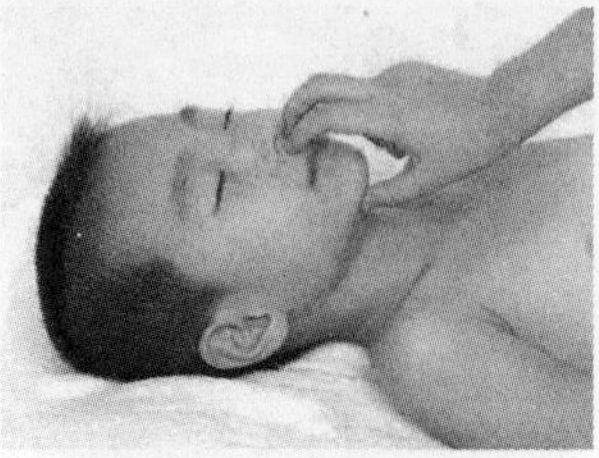

图5-20 黄蜂入洞

• 功效：发汗解表，宣肺通窍。

• 临床应用：适用于治疗小儿鼻炎、鼻窦炎、感冒、耳窍堵塞等症。

2. **双凤展翅**

• 操作：小儿取仰卧位，推拿人员用双手食指、中指夹住小儿耳朵向上提3~5次，然后按或者掐眉心、太阳、听会（耳屏前下方）、牙关（耳前上下颌骨关节活动处）、人中、承浆（下巴上方凹陷处）等穴位3~5次。本手法操作有提、掐、捻、捏、按诸法，穴位多，要求有序进行（见图5-21）。

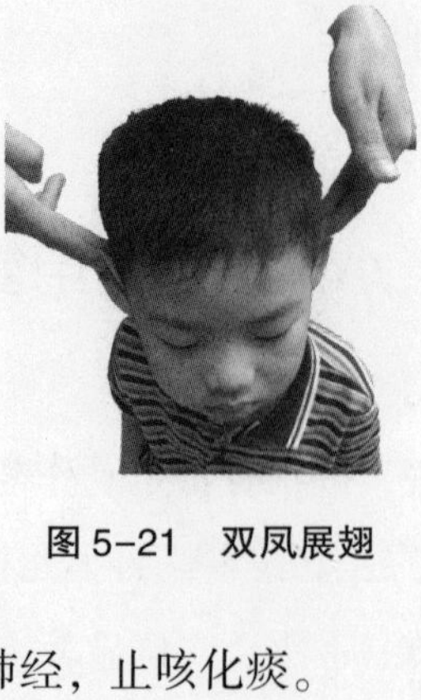

图5-21 双凤展翅

• 功效：祛风寒，温肺经，止咳化痰。

• 临床应用：适用于治疗小儿外感风寒、咳嗽多痰等上呼吸道感染。

3. 猿猴摘果

（1）方法一

• 操作：以两手食、中二指夹持小儿两耳尖向上提拉 20~30 次，再挟持两耳垂向下牵拉 20~30 次，如猿猴摘果状（见图 5-22）。

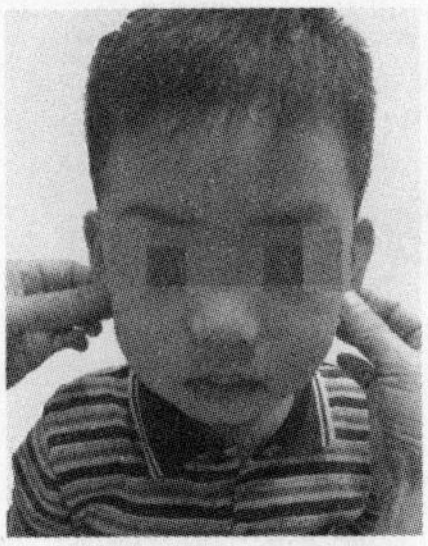

图 5-22 猿猴摘果

• 功效：健脾行气，化痰，镇惊。

• 临床应用：常用于治疗小儿寒积腹胀、惊啼不安、夜眠哭闹、四肢抽搐等症。

（2）方法二

• 操作：与小儿对面坐，用两手拇指、食指捏小儿螺蛳骨上皮（螺蛳骨在尺骨小头桡侧缘上方缝隙处，相当于手太阳小肠经“养老穴”处），一扯一放，操作 20~30 次。

• 功效：健脾胃，化痰食。

• 临床应用：用于治疗小儿积食、寒痰、疟疾等症。

（3）方法三

• 操作：推拿人员牵小儿两手，主动用力使小儿手臂被动完成一伸一缩的动作，如猿猴摘果样，操作 20~30 次。

• 功效：健脾消食。

• 临床应用：用于治疗小儿厌食、食积等症。

4. 揉耳摇头

（1）方法一

• 操作：小儿取仰卧位，以双手拇、食二指指腹分别相对用力揉捻小儿两耳垂 30~40 次，两手捧小儿头部，左右摇动 10~20 次（见图 5-23）。

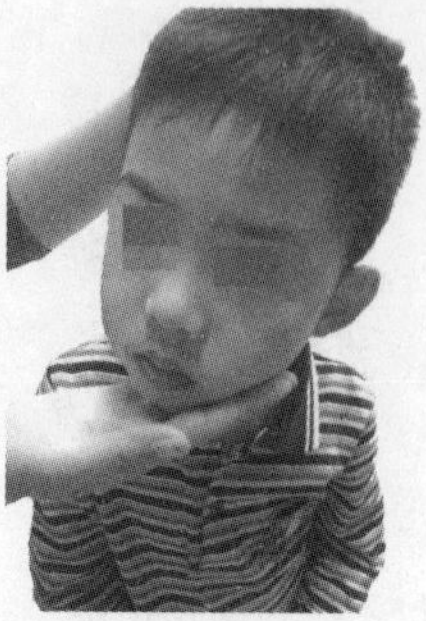

图 5-23　揉耳摇头

• 功效：开关镇惊，调和气血。

• 临床应用：治疗小儿惊风、抽搐、脘腹胀满、大便秘结等症。

（2）方法二

• 操作：以拇指指甲掐小儿眉心、天庭、百会。每穴掐 5 次左右，其余方法同上。

• 功效：开关镇惊，调和气血。

• 临床应用：治疗小儿惊风、抽搐、脘腹胀满、大便秘结等症。可将两法合用，即先点穴，后揉捻耳垂与摇头部。

5. 按弦搓摩

（1）方法一

• 操作：小儿取坐位，背对推拿师，对于较大小儿，可让其两手交叉，搭于头顶。推拿师双手并拢，置于其腋下，从上至下先推摩 5~8 次，后从腋下起，来回搓摩直到腹部。当搓至肚脐平面时，就势点按两侧天枢穴，操作 10 遍左右。此手法因手掌贴紧皮肤如按弦之状而得名（见图 5-24）。

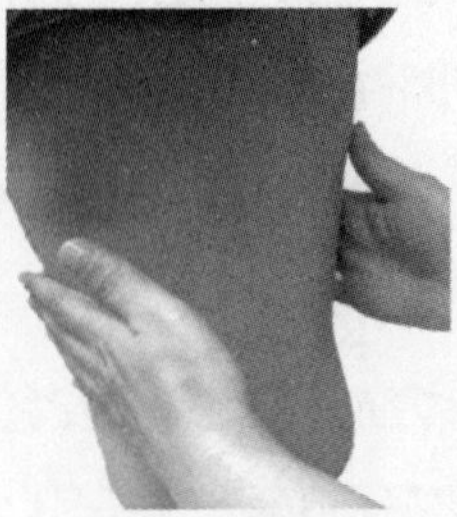

图 5-24 按弦搓摩

• 功效：理气化痰，健胃消食。

• 临床应用：治疗小儿痰多咳嗽、胸闷憋气、积食、腹胀、腹痛、疳积及肝、脾肿大等症。

（2）方法二

• 操作：小儿手心朝上，推拿人员运内八卦 9 次，然后按揉内关及其上下部位，再握住小儿手摇动。操作 20~30 遍。

• 功效：消痰食，宽中行气。

• 临床应用：治疗小儿痰多、胸闷等症。

6. 揉脐及龟尾并擦七节骨法

（1）方法一

• 操作：小儿取仰卧位，推拿人员以食、中、无名三指并拢，以中指置于小儿肚脐处缓缓揉动2~3分钟。小儿取俯卧位，推拿人员用中指置于尾骨端下的凹陷，即龟尾穴，缓缓揉2~3 分钟，后以小鱼际在大椎和龟尾之间来回擦使其发热。若从上至下擦为清、为降，治赤白痢疾；若从下至上擦为补、为升，治水泻不止。实症可先清后补。

• 功效：通调任督，调理肠腑，止泻导滞。

• 临床应用：用于治疗小儿泄泻、痢疾、便秘等。

（2）方法二

• 操作：小儿取仰卧位，推拿人员立其右侧，先以中指揉肚脐约 3 分钟，然后顺时针与逆时针交替摩腹各 3~5 分钟（见图 5-25）。小儿取俯卧位，推拿人员辅手食、中二指勾揉龟尾，手掌分别于第 4 腰椎至尾骨尖（七节骨）行揉、振、推、叩、擦等手法，以局部潮热为度（见图 5-26）。

• 功效：实症方向向下，治疗小儿腹痛、便秘；虚症方向向上，治疗小儿泄泻。

• 临床应用：治疗小儿腹痛、便秘、泄泻。

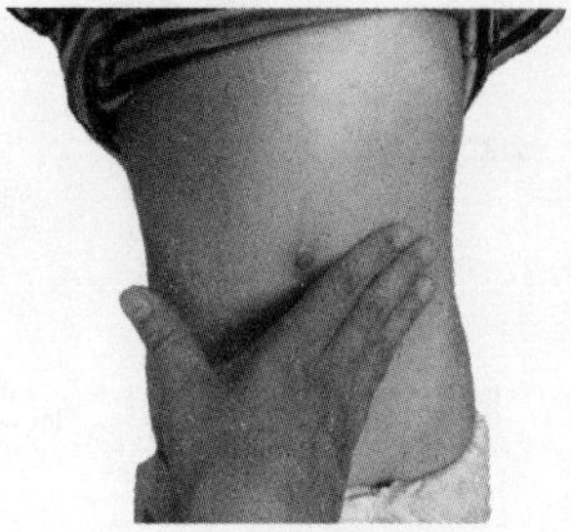

图 5-25　摩腹

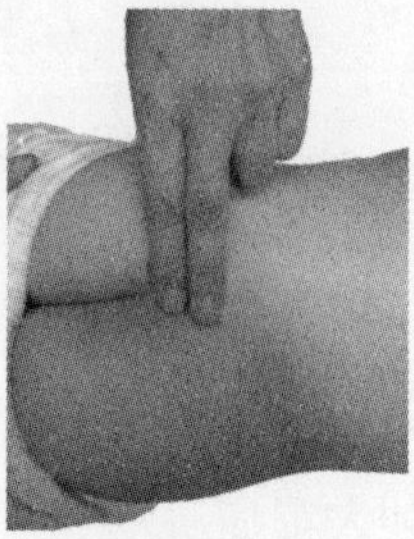

图 5-26　勾揉龟尾

7. 水底捞月

（1）方法一

• 操作：用凉水滴在内劳宫上，在掌心做旋推，或由小指端运起，经小横纹、坎宫向内劳宫按之或边推边吹凉气。临床上多用右拇指从小儿小指指尖推向指根，再经小横纹推至乾宫转向小天心，从小天心至内劳宫点按，迅速一拂而起为 1 次。操作 10~30 次。

• 功效：性寒凉，清心、退热、泻火。

• 临床应用：用于治疗高热神昏、烦躁不安、便秘等实热病症。

（2）方法二

• 操作：先掐总筋 9 次，清天河水 9 次，五指屈曲，中指较其余四指稍前，用中指指间关节髁在内劳宫旋推 9 次，如捕捞之状。操作 15~30 次。

• 功效：退热、祛痰。

• 临床应用：治疗小儿高热、痰多。

（3）方法三

• 操作：推拿人员先滴凉水于小儿内劳宫穴，并用四指对此处扇风，再滴凉水于心经及天河水，用口吹气，然后从总筋推到曲池。操作 15~20 次（见图 5-27）。

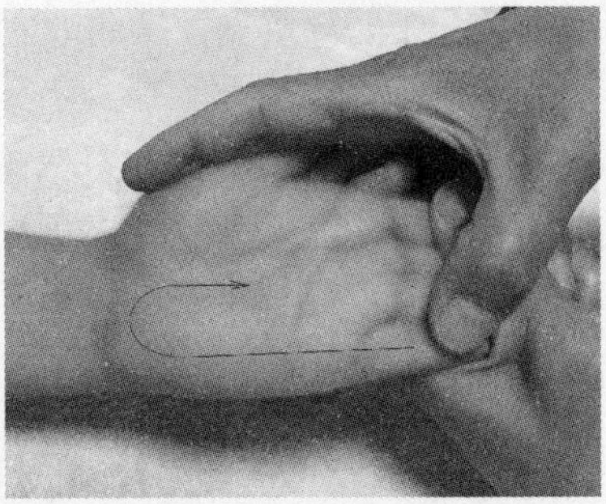

图 5-27　水底捞月

- 功效：性寒凉，清热解毒。
- 临床应用：治疗小儿高热。

（4）方法四

- 操作：推拿人员辅手固定小儿左手，使之仰掌，滴水于小儿内劳宫穴处，推手拇指旋推掌心，并用口吹气。操作 30~50 次。
- 功效：退热。
- 临床应用：治疗小儿高热。

8. 打马过天河

- 操作：小儿取坐位或仰卧位，推拿人员左手握住小儿左手或右手，掌心向上，露出小儿手臂，用右手食、中二指自小儿前臂内侧腕部向肘部如弹琴似的轻轻拍打，操作 20~30 遍。可以在左右手臂交替，小儿手臂经拍打出现潮红色为佳，在拍打时可向拍打处吹气（见图 5-28）。

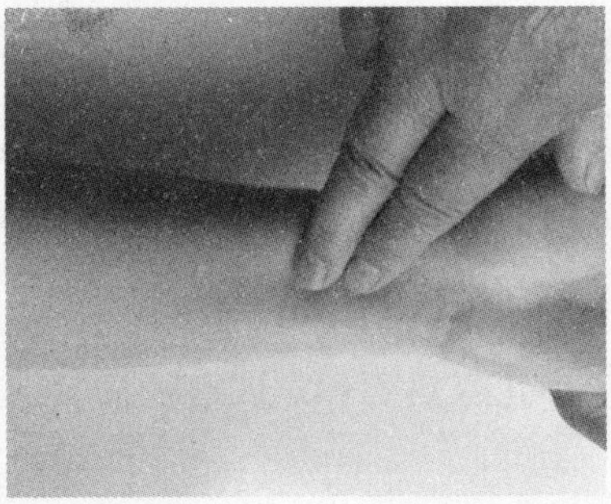

图 5-28　打马过天河

- 功效：清热祛烦，行气活血。
- 临床应用：治疗小儿高热、口舌生疮、惊风等热症。

9. 二龙戏珠

（1）方法一

• 操作：小儿取坐位，推拿人员用左手握住小儿左手，使其前臂伸直，掌心朝上。食指和中指自小儿总筋穴起，相互交替逐指按压前臂正中，直至肘横纹，于肘部重点按揉曲池穴数下，此为 1 遍。操作 10 遍左右（见图 5-29）。

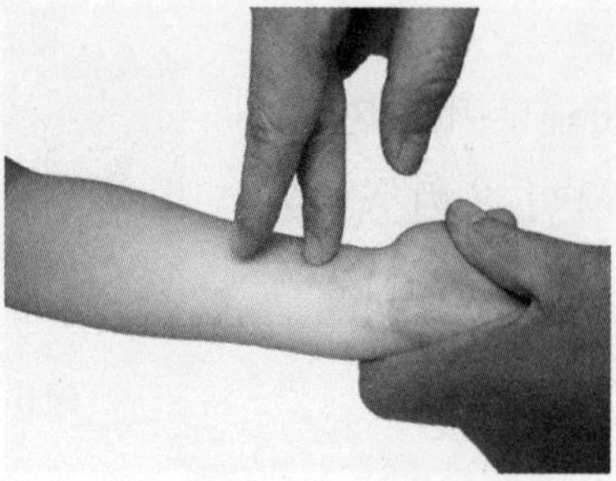

图 5-29　二龙戏珠

• 功效：镇惊，调和气血。

• 临床应用：治疗小儿惊风、夜卧不安等症。

（2）方法二

• 操作：小儿取坐位，推拿人员辅手拿捏小儿食指和无名指指端，推手拇、食二指捏按小儿阴池、阳池两穴，并由此边按捏边缓缓向上移动，直至按捏至曲池。如此操作 5 次（寒症重按阳穴，热症重按阴穴），然后辅手拿捏住腕部阴、阳二池，推手捏住小儿食指和无名指指端摇动 20~30 次，顺时针与逆时针方向各摇动 20~30 圈。

• 功效：调理阴阳，通阳散寒，清热镇惊。

• 临床应用：治疗小儿寒热不和、四肢抽搐、惊厥等症。

（3）方法三

• 操作：推拿人员两手从上向下快速捏揉小儿两耳郭，共 9 次，然后用食、中二指在小儿两鼻孔下按揉 9 次，操作 10 遍左右（见图 5-30、图 5-31）。

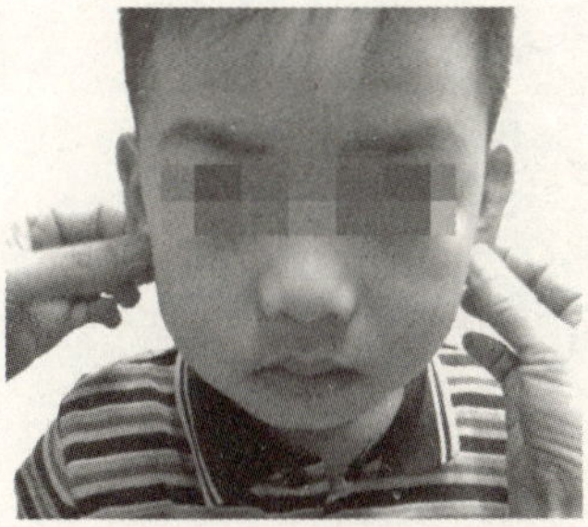

图 5-30 捏揉耳郭

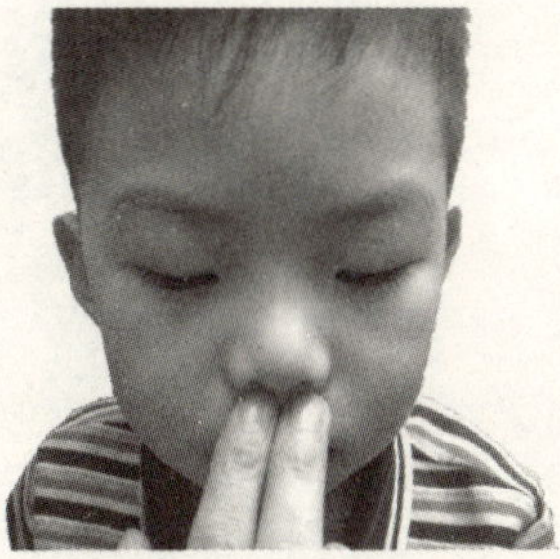

图 5-31 按揉人中穴

•功效：镇惊，通鼻窍。

•临床应用：常用于治疗小儿惊惕不安、鼻塞等症。

10. 取天河水

•操作：暴露小儿左前臂，以拇指蘸冷水，由洪池穴下推至内劳宫穴，亦可用食、中二指指腹推，操作 100~300 次（见图 5-32）。

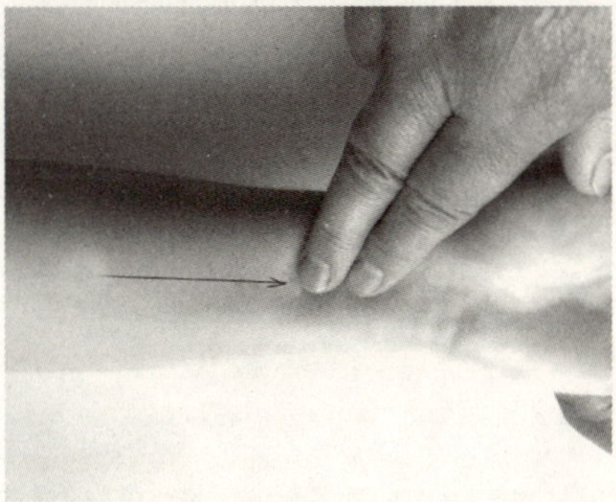

图 5-32 取天河水

•功效：清热退烧。

•临床应用：常用于治疗小儿热病、发热、汗出不解等症。

11. 运土入水

•操作：小儿取坐位或仰卧位，推拿人员坐其身前一侧，左手拿住小儿四指（食指、中指、无名指和小指），掌心向上，右手拇指端由小儿拇指根推运起，经过小天心、掌小横纹至小指根止，呈单方向反复推运 50~100 次（见图 5-33）。

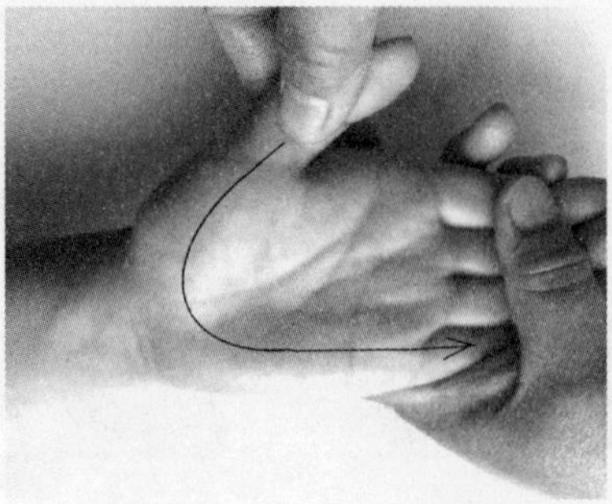

图 5-33 运土入水

• 功效：利尿止泻，清脾胃湿热，补肾水。

• 临床应用：常用于治疗小儿小便赤涩、尿频数、小腹胀满、泄泻痢疾等症。

12. 运水入土

• 操作：小儿取坐位或仰卧位，推拿人员左手拿住小儿四指，掌心向上，右手拇指指端由小儿小指根推运起，经过手掌小横纹、小天心至大拇指根止，推运 50~100 次（见图 5-34）。

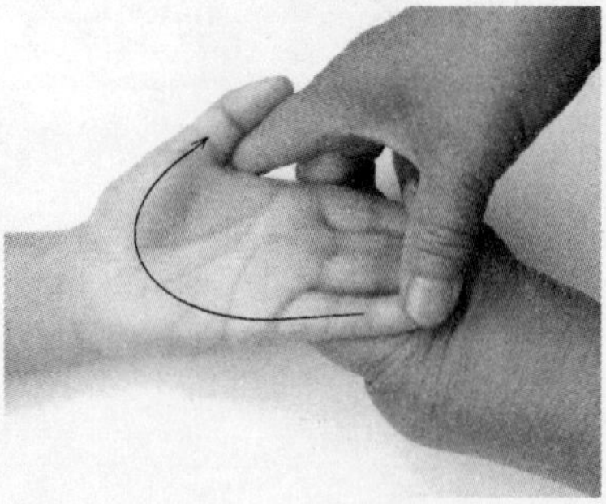

图 5-34 运水入土

• 功效：健脾助运，润燥通便。

• 临床应用：常用于治疗小儿脾胃虚弱引起的消化不良、食欲不振、腹胀、泻痢、疳积、便秘等病症。

13. 苍龙摆尾

• 操作：小儿端坐，推拿人员用右手握小儿食指、中指和无名指，左手自小儿总筋至肘部来回搓揉，然后用拇指、食指和中指托住小儿肘尖，右手持小儿三指左右摆尾状摇动，摇 25~30 次（见图 5-35）。

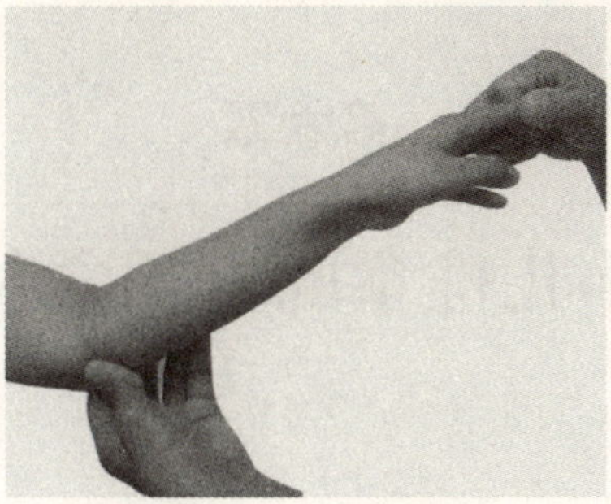

图 5-35 苍龙摆尾

- 功效：退热，开胸，通便。
- 临床应用：治疗小儿胸闷发热、烦躁不安、大便秘结等症。

第六章

小儿推拿的常用穴位

本章学习目标

1. 掌握小儿推拿头部常用穴位及手法。
2. 掌握小儿推拿胸腹部常用穴位及手法。
3. 掌握小儿推拿背腰部常用穴位及手法。
4. 掌握小儿推拿上肢常用穴位及手法。
5. 掌握小儿推拿下肢常用穴位及手法。

小儿推拿穴位除了包含十四经穴、经外奇穴、阿是穴外，还有相当一部分穴位属于小儿推拿特定穴。小儿推拿特定穴不同于经络理论中的特定穴，不仅有“点”状，还有“线”状及“面”状，以手部居多，正所谓“小儿百脉汇于两掌”。

第一节 头面部穴位

本节以经穴为主，介绍百会、天门、坎宫、山根等 18 个头面部穴位(见图 6-1)。

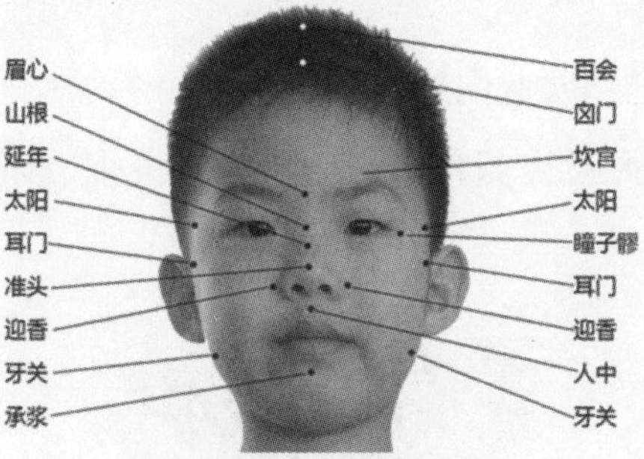

图 6-1 头面部穴位

1. 攒竹（天门）

●位置：自两眉头连线中点至前发际呈一直线。

●方法：用两拇指自下而上交替直推，称推攒竹，也称开天门（见图6-2）。

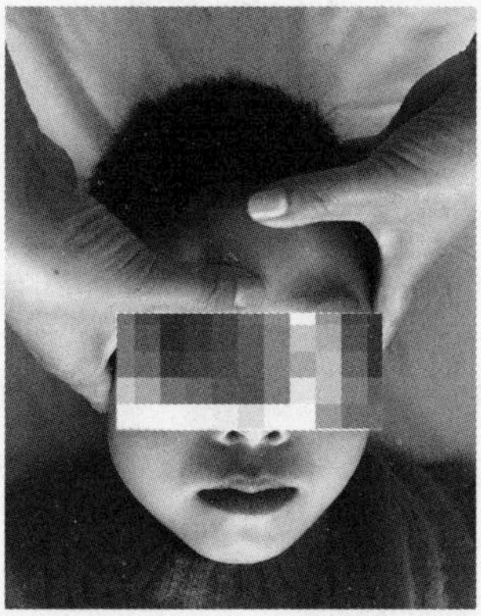

图 6-2 攒竹

●次数：30~50 次。

●主治：发热、头痛、感冒、精神萎靡、惊烦不安等症。

●临床应用：推攒竹能疏风解表、开窍醒脑、镇静安神，常用于治疗小儿外感发热、头痛等症，多与推坎宫、揉太阳等合用。若小儿惊烦不安、躁动不宁，多与清肝经、按揉百会等手法合用。

2. 坎宫（眉弓）

• 位置：位于自眉头起向眉梢呈一直线。

• 方法：用两拇指桡侧自眉心向眉梢做分推，称推坎宫或分推坎宫（见图 6-3）。

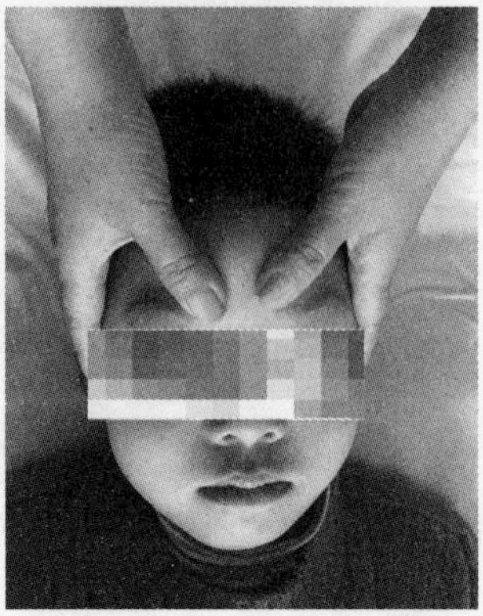

图 6-3 坎宫

• 次数：30~50 次。

• 主治：外感发热、惊风、头痛、目赤痛等症。

• 临床应用：推坎宫能疏风解表，醒脑明目，止头痛，常用于治疗外感发热、头痛，多与推攒竹、揉太阳等合用。若用于治疗目赤痛，多与清肝经、掐揉小天心、清天河水等合用。亦可在推后点刺出血或用掐按法，以增强疗效。

3. 太阳

• 位置：眉梢与外眦连线中点向后 1 寸，眉后凹陷处。

• 方法：用两拇指桡侧推运，称推太阳或运太阳，向眼方向推运为补，向耳方向推运为泻（见图 6-4）。

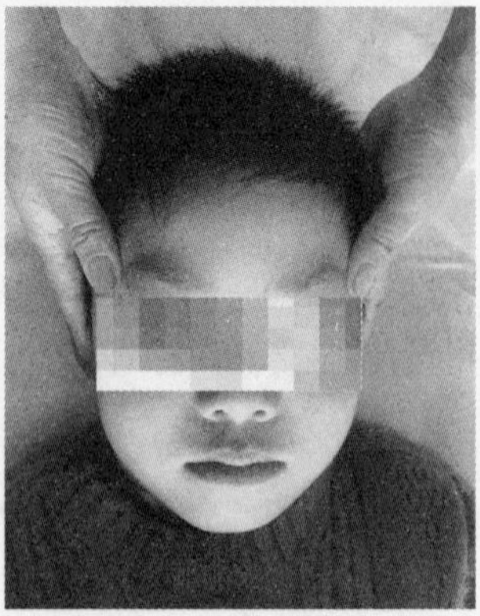

图 6-4 太阳

• 次数：30~50 次。

• 主治：头痛、偏头痛、眼睛疲劳、牙痛

等症。

●临床应用：推太阳主要用于治疗外感发热，能疏风解表、醒脑明目、止头痛。若为外感表实头痛用泻法，若为外感表虚头痛用补法。

4. 山根（山风）

●位置：两目内眦之间。

●方法：用拇指指甲掐山根（见图6-5）。

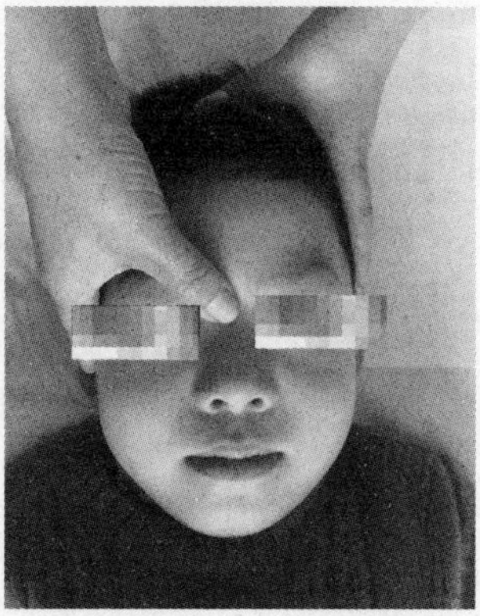

图6-5 山根

●次数：3~5次。

●主治：惊风、抽搐。

●临床应用：掐山根有开窍醒脑、定神的作用，多与掐人中、掐老龙等手法合用，用于治疗惊风、昏迷抽搐等症。本穴除了用于治疗疾病外，还可用于诊断病情，如山根处青筋显露为脾胃虚寒或惊风。此穴不推，专用掐法。

5. 囟门

●位置：前发际正中直上2寸，百会前骨凹陷处。

●方法：两手扶小儿头部，两拇指自前发际向该穴轮换推之（囟门未合时，仅推至边缘），称推囟门。也可用拇指指端轻揉囟门（见图6-6）。

●次数：推或揉，各50~100次。

●主治：头痛、惊风、神昏、烦躁、鼻塞、衄血等症。

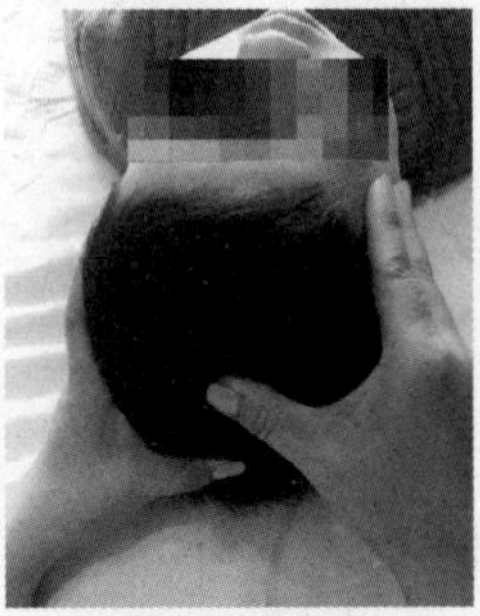

图 6-6　囟门

• 临床应用：推揉囟门能镇惊安神、通窍，多用于治疗头痛、惊风、鼻塞等症。正常情况下，小儿前囟在出生后 12~18 个月之间闭合，故临床推拿时须注意不可用力按压。

6. 耳后高骨

• 位置：耳后入发际高骨下凹陷处。

• 方法：以两拇指或中指指端揉（见图 6-7）。

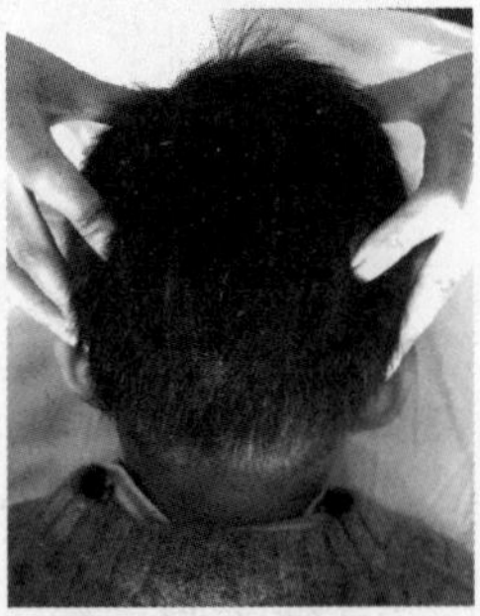

图 6-7　耳后高骨

• 次数：30~50 次。

• 主治：头痛、惊风、烦躁不安。

• 临床应用：推耳后高骨能疏风解表，治感冒头痛，多与推天门、攒竹、坎宫等手法合用，能安神除烦，可治疗神昏、烦躁等症。

7. 天柱（颈骨）

• 位置：颈后发际正中至大椎穴呈一直线。

● 方法：用拇指或食指、中指自上向下直推称推天柱，或用瓷汤匙的边缘蘸水自上而下刮（见图 6-8）。

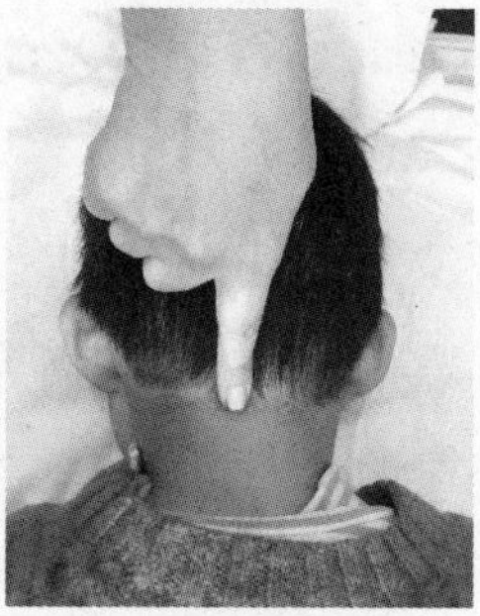

图 6-8 天柱

● 次数：推 100~500 次，刮至皮下轻度瘀血即可。

● 主治：恶心、呕吐、项强、发热、惊风、咽痛等症。

● 临床应用：推、刮天柱能降逆止呕，祛风散寒，主要用于治疗恶心、呕吐、外感发热、项强等症。治疗呕吐多与横纹推向板门、揉中脘等合用；治疗外感发热、项强等多与拿风池、掐揉二扇门等合用。

第二节 胸腹部穴位

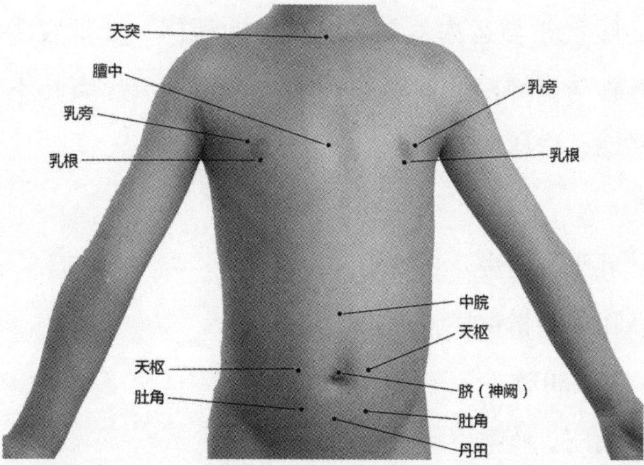

图 6-9 胸腹部穴位

1. 天突

• 位置：在胸骨切迹上缘，凹陷正中。

• 操作：用中指指端按揉，称按揉天突；用双手拇、食两指对称挤捏，称挤捏天突。

• 次数：按揉 15~30 次，挤捏 1~3 次。

• 主治：咳喘、胸闷、恶心、呕吐、咽痛等症。

• 临床应用：按揉、挤捏天突，能理气化痰、降逆止呕，对因气机不利、痰涎壅盛或胃气上逆所引起的痰喘、呕吐有效，若配合按揉膻中、运八卦、揉中脘等手法效果更佳。

2. 膻中

• 位置：胸骨正中，两乳头连线中点。

• 操作：用中指指端按揉称揉膻中，用两拇指从本穴分推至两乳头，称分推膻中；用食、中两指自胸骨切迹向下推至剑突，称推膻中。

• 次数：100~300 次。

• 主治：胸闷、痰鸣、喘咳、呕吐、呃逆等症。

• 临床应用：膻中穴为气之会穴，居胸中，胸背属肺，推揉之有宽胸理气、止咳化痰之效。对各种原因引起的胸闷、吐逆、喘咳均有效。治疗呕吐、呃逆、嗳气常与运内八卦、横纹推向板门、分推腹阴阳等手法合用；治疗喘咳常与推肺经、揉肺腧等手法合用；治疗痰吐不爽常与揉天突、按弦走搓摩、按揉丰隆等手法合用。

3. 乳旁

• 位置：乳头外侧旁开 0.2 寸。

• 操作：用中指指端揉，称揉乳旁。

• 次数：30~50 次。

• 主治：胸闷、咳嗽、痰鸣、呕吐等症。

• 临床应用：揉乳旁能理气化痰、止咳，常用于治疗胸闷、喘咳等症，临床上多与揉乳中同时使用，以增强其治疗效果。

4. 胁肋

• 位置：从腋下两胁至两髂前上棘。

• 操作：用两手掌从两胁下搓摩至髂前上棘处，称搓摩胁肋，又称按弦走搓摩。

• 次数：50~100 次。

• 主治：胸闷、胁痛、痰喘气急、疳积等症。

• 临床应用：搓摩胁肋，能顺气化痰、除胸闷、消积滞，对小儿因食积、痰壅气逆所导致的胸闷、腹胀、气喘等有效。

5. 中脘

• 位置：脐上 4 寸，位于剑突与脐连线的中点处。

• 操作：用指端或掌根按揉，称揉中脘；用掌心或四指摩，称摩中脘；自喉向下推至中脘，称推中脘。

• 次数：揉或推 100~300 次，摩 5 分钟。

• 主治：腹胀、腹痛、呕吐、泻泄、食欲不振等症。

• 临床应用：揉、摩中脘能健脾和胃、消食和中，对治疗腹胀、腹痛、泻泄、呕吐、食欲不振等有效，多与按揉足三里、推脾经合用。推中脘能降逆止呕，常用于治疗胃气上逆、嗳气、呕恶等症。

6. 腹

• 位置：腹部。

• 操作：自剑突下到脐，用两拇指从中间向两旁分推，称分推腹阴阳；用掌或四指沿脐周围摩，称摩腹。

• 次数：5~10 分钟。

• 主治：腹胀、腹痛、消化不良、疳积、呕吐、便秘等症。

• 临床应用：分推腹阴阳能消食、理气且降气，主治因乳食停滞或胃气上逆引起的恶心、呕吐、腹胀等症，多与推脾经、运内八卦、按揉足三里等手法合用。

7. 脐

• 位置：肚脐。

•操作：用中指指端或掌根揉，称揉脐；用掌摩称摩脐；用拇指和食指、中指抓住肚脐抖揉，也称揉脐。

•次数：揉100~300次，摩5分钟。

•主治：腹胀、腹痛、泻泄、便秘、疳积等症。

•临床应用：此穴能补能泻，补之能温阳补虚，治疗因寒湿、脾虚、肾虚引起的泄泻、消化不良、痢疾、脱肛等症；泻之能消、能下，治疗因湿热引起的泄泻、痢疾、便秘等症。

8. 天枢

•位置：脐旁2寸。

•操作：用食、中二指揉称揉天枢。

•次数：100~200次。

•主治：腹胀、腹痛、腹泻、便秘等症。

•临床应用：揉天枢能理气消滞、调理大肠，多用于治疗因急慢性胃肠炎及消化功能紊乱引起的腹泻、呕吐、食积、便秘等症，临床上多与揉脐同时使用，即以中指按脐，食指和无名指各按两侧天枢穴，同时揉动。

9. 丹田

•位置：位于脐下2~3寸之间。

•操作：用掌揉或摩，分别称揉丹田、摩丹田。

•次数：揉100~300次，摩5分钟。

•主治：腹泻、遗尿、脱肛、尿潴留等症。

•临床应用：揉、摩丹田能温肾固本、温补下元、分清别浊，多用于治疗腹痛、遗尿、脱肛等症，常与补肾经、推三关、揉外劳等手法合用；对于尿潴留，常与清小肠、推箕门等手法合用。

10. 肚角

•位置：脐下2寸，石门穴旁开2寸大筋处。

•操作：用拇、食、中三指，由脐向两旁深处拿捏，一拿一松为一次，称拿肚角。

• 次数：3~5 次。

• 主治：腹痛、腹泻、便秘等症。

• 临床应用：拿肚角是止腹痛的要法，对各种原因引起的腹痛均可应用，特别是对寒痛、伤食痛等症状。

第三节 背腰部穴位

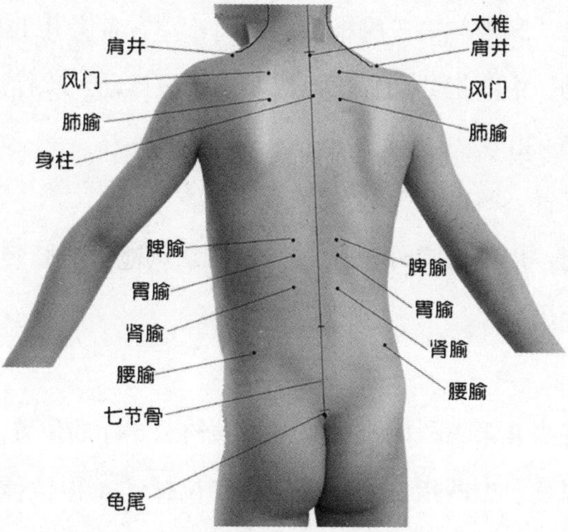

图 6-10 背腰部穴位

1. 肩井

• 位置：在大椎与肩峰连线之中点部位，是点状与面状结合穴位。

• 操作：用手指按其穴位，称按肩井；用拇指与食、中二指对称用力做拿法，称拿肩井。

• 次数：按 30~50 次，拿 3~5 次。

• 主治：感冒、惊厥、上肢抬举不利等症。

• 临床应用：感冒时，可与拿风池等手法合用；上肢痹痛时，可结合相应的成人手法医治。

2. 大椎

● 位置：第七颈椎棘突下间隙。

● 操作：用中指揉，称揉大椎。

● 次数：20~30 次。

● 主治：项强、发热、咳嗽等症。

● 临床应用：感冒、发热、项强时，可与推天柱等手法合用；咳嗽时，可与揉乳旁、乳根等手法合用。

3. 风门

● 位置：第二胸椎与第三胸椎棘突之间，左右各旁开 1.5 寸。

● 操作：食、中两指分别置于风门左右穴位揉动，称揉风门。

● 次数：20~30 次。

● 主治：感冒、咳嗽、气喘等症。

● 临床应用：用于治疗外感风寒，可与拿风池、清肺经、揉肺俞、推揉膻中等手法合用。

4. 肺俞

● 位置：在小儿第三段胸椎棘突下，大约 1.5 寸的位置。

● 操作：以食、中两指分别置于左右穴位揉动，称揉肺俞；两拇指分别自肩胛骨内侧缘从上向下推动，称推肺俞或分推肩胛骨。

● 次数：按揉 50~100 次，推 100~300 次。

● 主治：喘咳、痰鸣、胸闷、胸痛等症。

● 临床应用：多用于治疗呼吸系统疾病，可与推揉膻中、清肺经、揉丰隆等手法合用。

5. 脾俞

● 位置：第十一胸椎与第十二胸椎棘突之间，左右各旁开 1.5 寸。

● 操作：以食、中两指分别置于脾俞左右穴位揉动，称揉脾俞。

● 次数：50~100 次。

● 主治：腹泻、消化不良、食欲不振、疳积、四肢乏力等症。

•临床应用：本穴主要用于治疗消化系统疾病，可与揉中脘、推脾经、按揉足三里、捏脊等手法合用。

6. 肾腧

•位置：第二腰椎与第三腰椎棘突之间，左右各旁开 1.5 寸。

•操作：以食、中两指分别置于左右穴位揉动，称揉肾腧。

•次数：50~100 次。

•功效：主治腹泻、便秘、小腹痛、下肢痿软乏力等症。

•临床应用：对肾虚所致腹泻、便秘的小儿，可与补脾经、补肾经、揉上马等手法合用；对下肢痿软乏力的小儿，可与捏脊、肢体手法治疗合用。

7. 腰腧

•位置：第三腰椎与第四腰椎棘突之间，左右各旁开 3.5 寸凹陷处。

•方法：以食、中两指分别置于左、右穴位揉动双手拇指分别置于左、右穴位揉动，都称为揉腰腧。

•次数：50~100 次。

•主治：腰痛、下肢瘫痪等症。

•临床应用：可配合肢体手法推拿治疗。

8. 脊柱

•位置：从大椎至长强呈一直线，是小儿身体上最长的线状穴。

•方法：用食、中二指螺纹面自上而下直推，称推脊。若加天柱骨一起自上而下直推，就称为大推脊，其清热作用更强。自下而上捏，称捏脊。

•次数：推 300~500 次，捏 3~5 遍。

•主治：发热、惊风、疳积、腹泻、便秘等症。

•临床应用：推脊能清热，在推脊时可蘸少量冰水或酒精，是一种有效的物理降温方法，多与推下六腑、清天河水、推涌泉等手法合用。捏脊能调阴阳、理气血、和脏腑、通经络、培元气，具有强健身体的功能，是小儿保健常用主要手法之一，多与补脾经、补肾经、推上三关、摩腹、按揉足三里等手法合用，对于治疗先、后天不足的慢性病症，均有一定的效果。

9. 七节骨（七节）

• 位置：第四腰椎棘突向下至尾椎骨端（长强）呈一直线，为线状穴。

• 操作：用食、中二指自上而下直推称推下七节骨，用拇指桡侧缘自下而上直推称推上七节骨。

• 次数：100~300 次。

• 主治：泄泻、便秘、脱肛等症。

• 临床应用：推上七节骨有止泻作用，可与揉龟尾、摩腹、揉脐等手法相合用；还可治疗气虚下陷的脱肛、遗尿，可与按揉百会、揉丹田等手法合用。推下七节骨有通便作用，可与揉阳池穴合用。

10. 龟尾

• 位置：处于小儿尾骨末端至肛门中间，即长强穴的位置。

• 操作：以拇指指端或中指指端揉，称揉龟尾。

• 次数：100~300 次。

• 主治：泄泻、便秘、脱肛、遗尿等症。

• 临床应用：本穴能通调督脉经气，有调节大肠（具有双向性）的功能。对泄泻、便秘症状，可与推七节骨、摩腹、揉脐等手法合用；对脱肛、遗尿症状，可与揉丹田、按揉百会等手法合用。

11. 脊（捏脊、推脊）

• 位置：自大椎至长强呈一直线，沿第七颈椎棘突至尾骨端呈一直线。

• 操作：操作前先将背两侧（膀胱经）按揉几遍，以使肌肉放松，减轻不适；用食、中二指从上（大椎）而下（长强）直推，称推脊法；自下而上捏称捏脊法。双手的中指、无名指、小指握成空拳状，食指半屈，拇指伸直并对准食指的前半段，双手手心相对朝上，从小儿尾椎下的长强穴（实际操作可从尾骨）开始，沿着督脉捏拿至大椎穴。如此循环，捏拿 6

遍。捏第5遍时，根据小儿不同的临床症状采取“重提”的提拿手法，有针对性地刺激背部的腧穴。最后一遍捏拿结束后，按揉肾腧穴10次。自上而下推为泻法，能清热泻火。重推脊多与清天河水、推六腑、揉涌泉合用，并能治疗成人腰背强痛、角弓反张等症。捏脊操作要领为推、捏、捻、放、提、按揉。

• 主治：惊症、夜啼、烦躁不安、疳积、腹泻、呕吐、便秘等症。

• 临床应用：脊属督脉，督脉贯属脑络肾，率阳气，统摄真元，具有调阴阳、理气血、和脏腑、通经络、退热的作用。

说明：用捏脊法自下而上捏能调阴阳、理气血、和脏腑、通经络、培元气、强健身体，是小儿保健的常用方法之一。临床上，捏脊多与补脾、补肾、推上三关、摩腹、按揉足三里等配合应用，用于治疗先、后天不足的慢性病，常作用于小儿疳积、腹泻等症。因操作时能旁及膀胱经脉，根据患儿病情重提或者按揉相应的腧穴，可加强疗效。

第四节 上肢部穴位

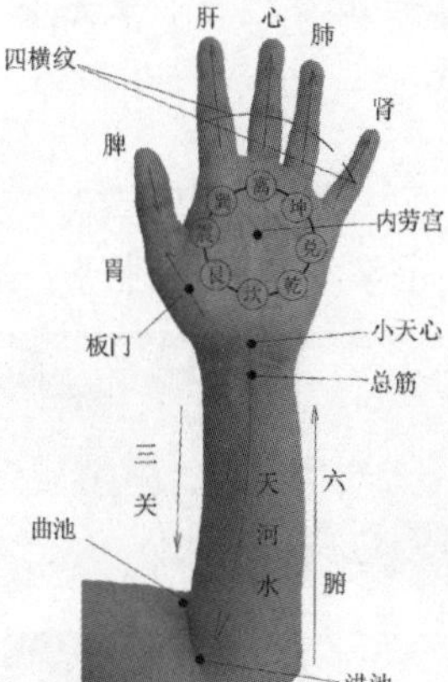

图6-11 上肢部穴位（一）

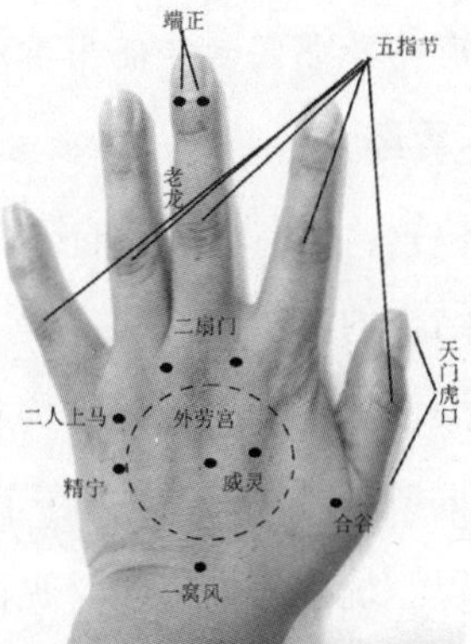

图6-12 上肢部穴位（二）

1. 脾经

• 位置：拇指末节螺纹面或桡侧缘，是面状、线状相结合穴位。

• 操作：将小儿拇指屈曲，循小儿拇指桡侧边缘由远端向掌根方向直推为补，称补脾经。小儿拇指伸直，由指根向指端方向直推为清，称清脾经。补脾经、清脾经统称推脾经，在拇指末节螺纹面做旋推法，亦称补脾经（见图6-13）。

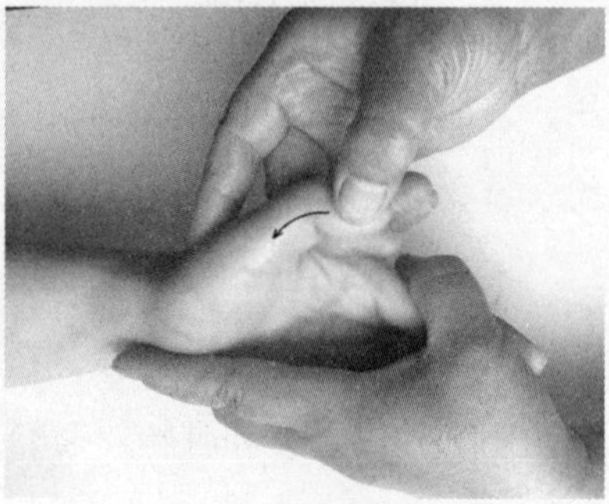

图6-13　脾经

• 次数：100~300次。

• 主治：小儿腹泻、便秘、食欲不振、消化不良等消化道疾病。补脾经可健脾胃，补气血；清脾经可清热利湿，化痰止呕；清、补脾经可和胃消食，增进食欲。

• 临床应用：补脾经能健脾胃、补气血，对于食欲不振、消化不良症状，可与揉中脘、指揉脾腧、按揉足三里等手法合用。清脾经能清热利湿，可与清天河水、清大肠等手法合用。

注意：小儿脾胃薄弱，不宜攻伐太甚。在一般情况下，脾经穴多用补法，只有体壮邪实者才能用清法，或清后加补。

2. 胃经

• 位置：在小儿拇指的第二节处，或者在手掌大鱼际的外缘，是线状、面状相结合的穴位。

• 操作：旋推为补，称为补胃经；向指端方向直推为清，称为清胃经。补胃经、清胃经统称为推胃经（见图6-14）。

• 次数：向上直推约300次。

• 主治：小儿腹泻、呕吐等肠胃病。一般用清法。

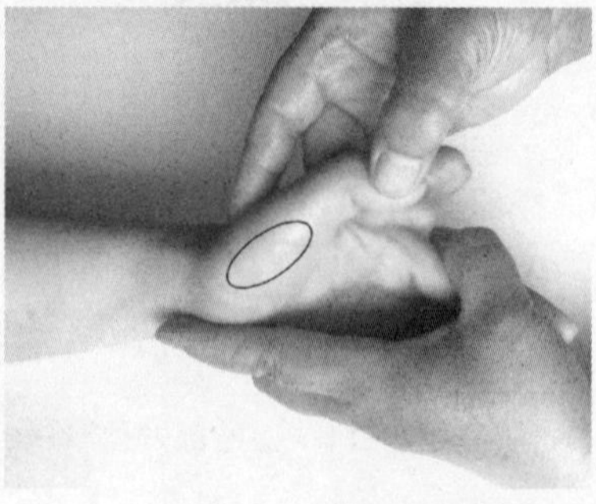

图6-14　胃经

3. 肝经

• 位置：食指末节螺纹面，是线状、面状相结合穴位。

• 操作：食指伸直，由指根向指端方向直推为清，称为清肝经；旋推为补，称为补肝经。清肝经、补肝经统称为推肝经（见图 6–15）。

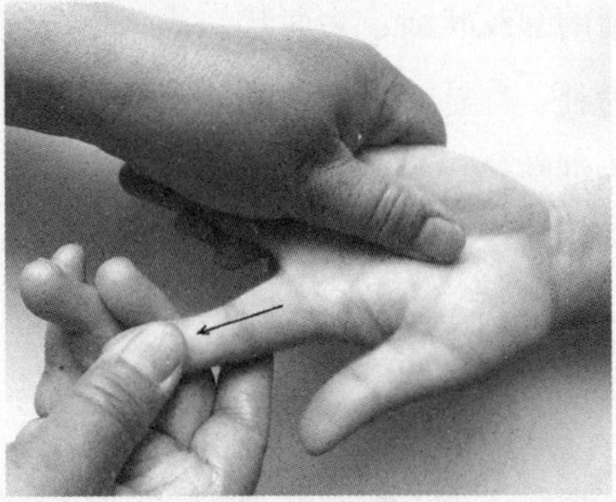

图 6–15 肝经

• 次数：100~500 次。

• 主治：烦躁不安、惊风、五心烦热、目赤、口苦咽干等症。

• 临床应用：清肝经能平肝泻火、息风镇惊、解郁除烦，可与清天河水、推涌泉等手法合用。肝经宜清不宜补，当肝虚应补时，则须补后加清，或以补肾经代之，称为滋肾养肝法。

4. 心经

• 位置：中指末节螺纹面，是线状和面状相结合穴位。

• 操作：食指伸直，由指根向指端方向直推为清，称为清心经；旋推为补，称为补心经。清心经、补心经统称为推心经（见图 6–16）。

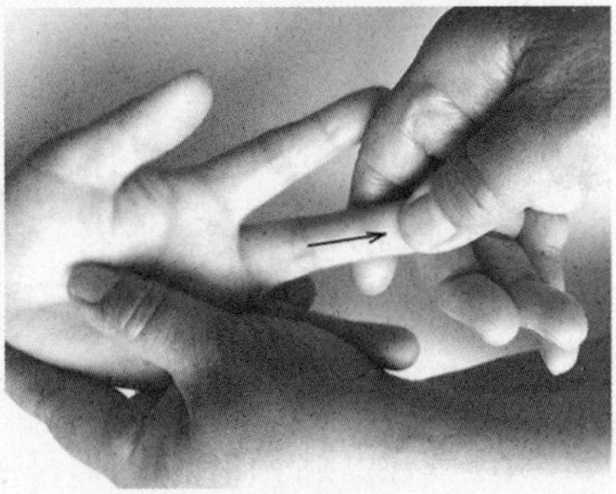

图 6–16 心经

• 主治：高热神昏、五心烦热、口舌生疮、小便赤涩、心血不足、惊惕不安等症。

• 临床应用：清心经能清热、退心火，可与清天河水、清小肠等合用。清心经不要轻易用，需清心经时可以用清天河水代之。心经有病可以通过心包经来治。心经宜清不宜补，对于睡卧露睛等症须用补法的，可补后加清，或以补脾经代之。

5. 肺经

• 位置：无名指的螺纹状面，为面状、线状相结合穴位。

• 操作：旋推为补，称补肺经；由指根向指端方向推，称清肺经。补肺经、清肺经统称为推肺经（见图 6-17）。

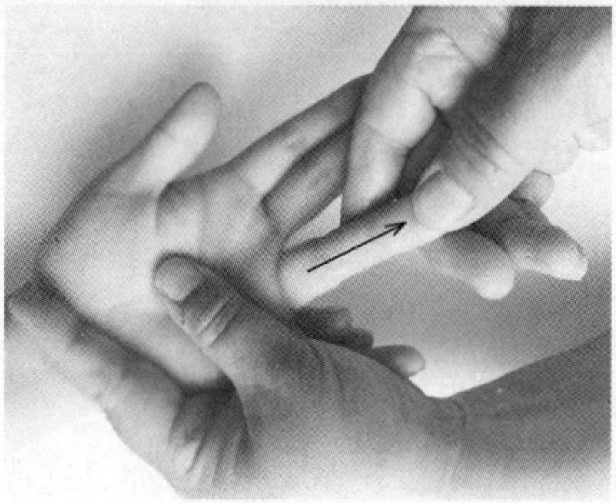

图 6-17　肺经

• 次数：100~200 次。

• 主治：感冒、发热、咳嗽、胸闷、气喘、虚汗、脱肛等症。

• 临床应用：补肺经能补益肺气，可与揉肺腧等手法合用；清肺经能宣肺清热、疏风解表、化痰止咳，可与推膻中、揉风门等手法合用。

6. 肾经

• 位置：小指末节螺纹面，是面状、线状相结合穴位。

• 操作：由指根向指端方向直推为补，或旋推，称补肾经；由指端向指根方向直推为清，称清肾经。补肾经、清肾经统称推肾经（见图 6-18）。（依据《幼科铁镜》：四脏俱推上为补，下为泻，但肾与四脏相反。盖四脏居一身之上，而肾居下。肾虚则推四脏之气，往下以滋肾，故曰下补。肾水浑浊，则小便闭赤。若再往下推，则闭愈甚。一往上提，疏通水道，而小便自清。故曰推上为清。此上下清补有异。若不明上下之理，恐人疑推肾之上下，两字有诈，则遗患不浅，故识之。）

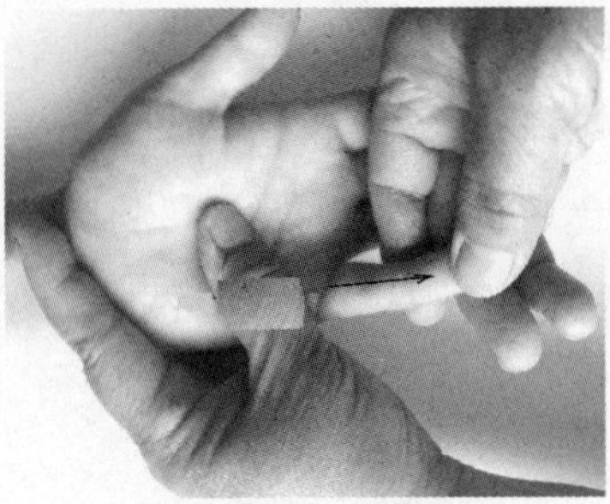

图 6-18 肾经

• 次数：100~500 次。

• 主治：先天不足、久病体虚、虚喘、肾虚腹泻、遗尿、膀胱蕴热、小便淋漓刺痛等症。

• 临床应用：补肾经能补肾益髓，温养下元，可与揉肾俞、揉丹田等手法合用；清肾经能治下焦湿热，肾经不宜清，需用清小肠、清天河水代之。（《厘正按摩要术》《三字经》《实用小儿推拿》认为肾有命门之火，不能清泻。）

7. 大肠经

• 位置：位于食指桡侧缘，自指端至虎口呈一直线，是线状穴位。

• 操作：从食指指端直推向虎口为补，称补大肠；自虎口直推向食指指端的桡侧为清，称清大肠。补大肠、清大肠统称为推大肠（见图 6-19）。

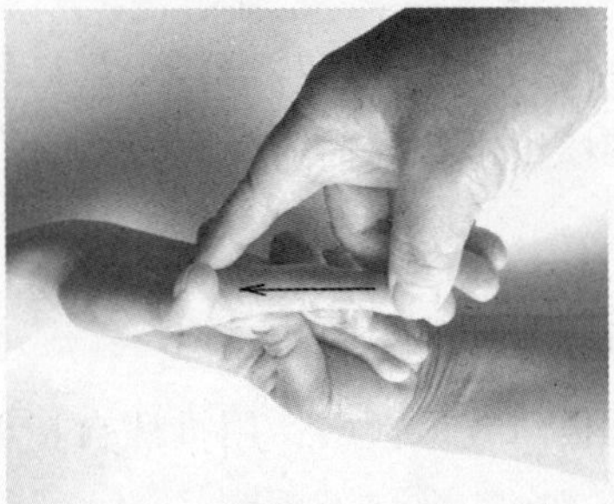

图 6-19 大肠经

• 次数：100~300 次。

• 主治：腹泻、脱肛、便秘等症。

• 临床应用：补大肠能涩肠固脱、温中止泻，可与揉丹田、揉外劳宫、推上三关等手法合用；清大肠能清利肠腑、除湿热、守积滞，可与推六腑、摩腹等手法合用。大肠经又称指三关，也可用于诊断，即望指纹。

8. 四横纹

• 位置：掌侧食指、中指、无名指和小指第一指间关节横纹处，是短线状穴位。

• 操作：推四横纹，以拇指桡侧面来回推之（见图 6-20）。

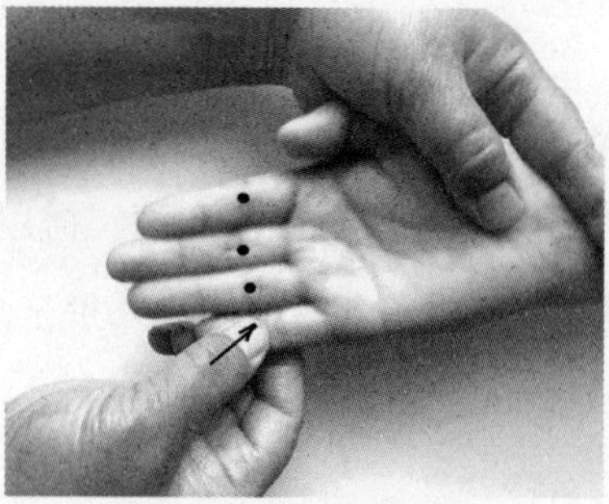

图 6-20　四横纹

• 次数：推 300~1000 次。

• 主治：腹胀、疳积、消化不良等症。

• 临床应用：推四横纹多用于治疗消化不良、疳积，可与补脾经、揉中脘等手法合用，掐四横纹也有同样的效果。

9. 板门

• 位置：掌侧大鱼际平面，为面状穴位。

• 操作：以指端揉板门或运板门；用推法自指根推向腕横纹，称板门推向横纹；反之，称横纹推向板门（见图 6-21）。

• 次数：100~300 次。

• 主治：食积、腹胀、食欲不振、呕吐、腹泻、嗳气等症。

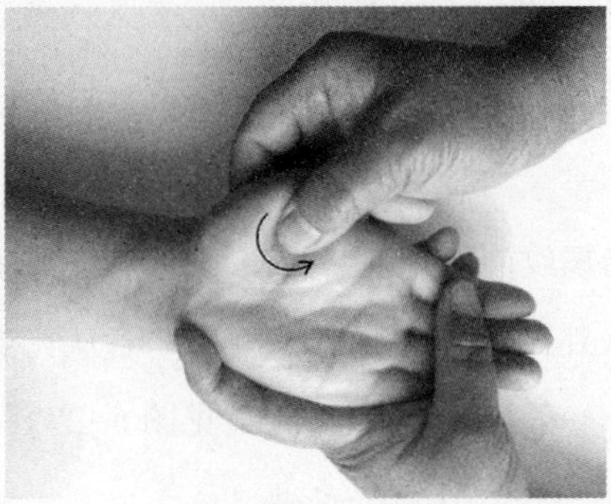

图6-21 板门

• 临床应用：揉板门能健脾和胃，可与补脾经、揉中脘、揉脾腧等手法合用；板门穴推向腕横纹能止泻，腕横纹推向板门能止呕吐。

10. 内劳宫

• 位置：掌心中，屈指时中指、无名指之间中点。

• 操作：以指揉称揉内劳宫（见图6-22）。

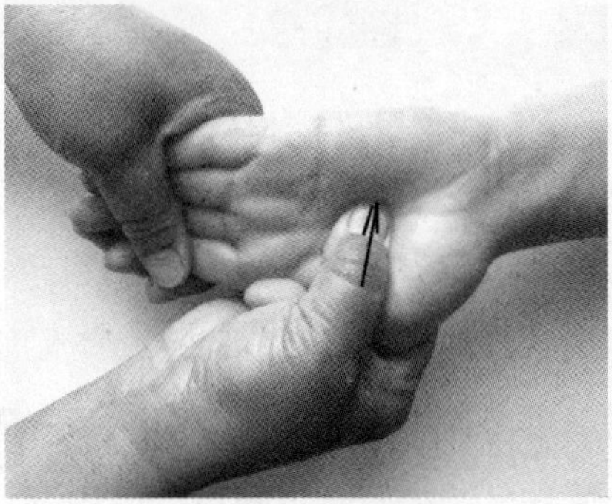

图6-22 内劳宫

• 次数：100~300次。

• 主治：发热、烦渴、目疮、齿龈糜烂、虚烦内热等症。

• 临床应用：揉内劳宫能清热除烦，可与清心经、清天河水等手法合用。

11. 内八卦①

• 位置：手掌面，以掌心为圆心，从圆心至中指根横纹约 2/3 处为半径所做的圆。

• 操作：以拇指螺纹面用运法，自乾卦起至兑卦止，周而复始，顺时针运，称为顺运内八卦，一般运 100~500 次。若从兑卦起至乾卦止逆运八卦，称为逆运八卦，一般运 100~500 次（见图 6-23）。

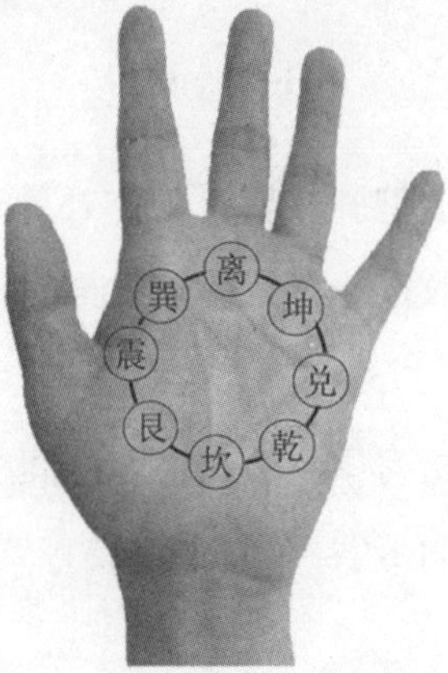

图 6-23　内八卦

• 次数：100~500 次。

• 主治：咳嗽、痰喘、胸闷、腹胀、呕吐等症。

• 临床应用：运内八卦性平和、使气上逆，能促使呕吐。新生儿吞咽羊水、秽物或吐乳时，可与揉小天心、清板门、清四横纹、按揉天突等手法合用；对于中气下陷脱肛的小儿，可顺运以敛中气，与补脾、补肾、揉外劳宫、推大肠、按揉百会、推龟尾、揉神阙等手法合用。

逆运八卦降逆平喘、止咳化痰、利气利膈，可与清肺、清补脾、揉小横纹、清四横纹、推天柱骨、分推膻中、按揉天突、按弦走搓摩等手法合用；对有消化系统疾病的小儿，如食欲下降、呕吐、泄泻、腹痛、腹胀，

① 内八卦是指在手掌面，以掌心至中指横纹约 2/3 处为半径所作圆周（中指根下为离属南，小天心穴之上为坎属北，在大鱼际侧离至坎半圆的中点为震属东，小鱼际侧离至坎半圆的中点为兑属西，西北为乾，东北为艮，东南为巽，西南为坤）。八卦穴在此圆周上，即乾、坎、艮、震、巽、离、坤、兑。

多与清补脾、清板门、清四横纹、掐揉足三里、分腹阴阳、点中脘、按揉天枢、摩腹、按揉背部腧穴等手法合用，效果好。

12. 小天心（鱼际交）

● 位置：掌根，大、小鱼际交接处凹陷中。

● 操作：以中指揉，称揉小天心；用指甲掐，称掐小天心；用中指捣，称捣小天心（见图 6-24）。

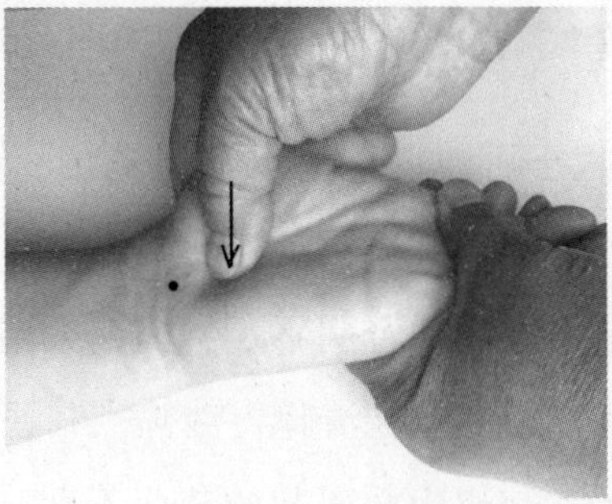

图 6-24 小天心

● 次数：揉 100~300 次，掐、捣 5~20 次。

● 主治：惊风、抽搐、烦躁不安、夜啼、小便赤涩、目赤痛、疹痘欲出不透等症。

● 临床应用：揉小天心能清热、利尿、明目，可与清心经、清小肠、清天河水等手法合用；掐、捣小天心能镇惊安神，可与清肝经、按揉百会、掐人中、掐老龙等手法合用。

13. 运水入土、运土入水

● 位置：掌侧，拇指根至小指根，沿手掌边缘呈一弧线状，为弧线状穴位。

● 操作：自拇指根沿手掌边缘，经小天心推运至小指根，称运土入水（见图 6-25）；反方向自小指根沿手掌边缘，经小天心推运至拇指根，称运水入土（见图 6-26）。

● 次数：100~300 次。

● 主治：运土入水可滋补肾水、利尿通便，多用于泄泻新病，实症，

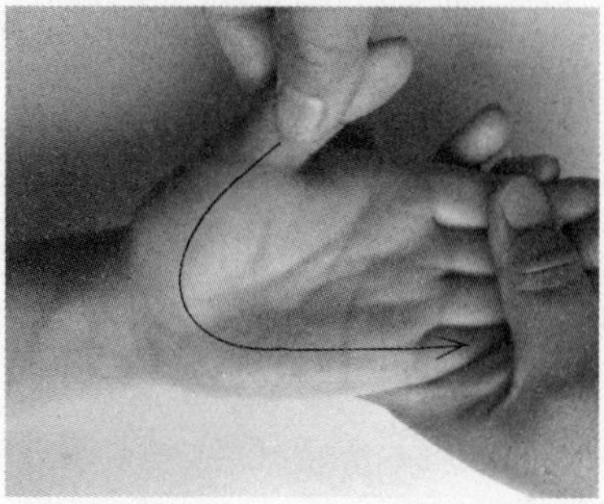

图 6-25　运土入水

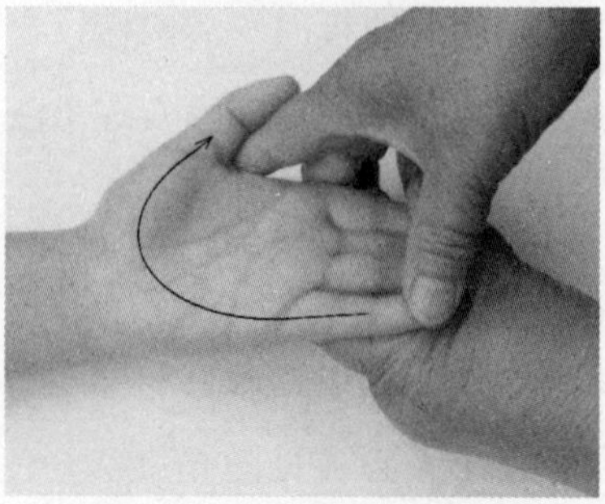

图 6-26　运水入土

如吐泻、痢疾；运水入土可健脾和胃、润燥通便，多用于泄泻久病，虚症，如青筋暴露、痢疾、泄泻、小便不利、饮食停滞。

• 临床应用：运土入水用于肾阴不足、摄纳失调引起的小便赤涩、频繁、小腹涨满、大便秘结等症，能清脾胃湿热、利尿止泻，可与推下六腑合用；运水入土用于治疗脾胃虚弱引起的消化不良、腹胀便秘、泄泻、疳积等病症，能健脾助运、润燥通便，可与推上三关合用。

14. 总筋

• 位置：掌后腕横纹中点。

• 操作：以指按揉，称揉总筋；以指甲掐，称掐总筋（见图 6-27）。

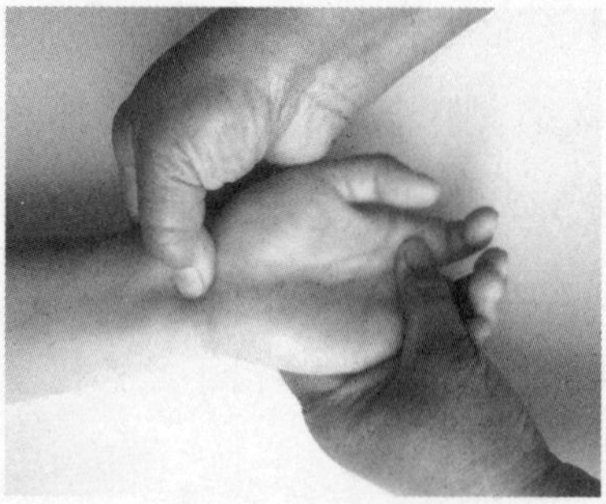

图 6-27　总筋

• 次数：揉 100~300 次，掐 3~5 次。

• 主治：惊风抽搐、口舌生疮、夜啼、潮热等症。

• 临床应用：揉总筋能清心经热、散结止痛、通调全身气机，可与清心经、清天河水等手法合用；治疗惊风抽搐多用掐法，可与捣小天心穴合用。

15. 大横纹（手阴阳）

• 位置：掌侧腕横纹，桡侧纹头尽端称阳池，尺侧纹头尽端称阴池，为线状穴位。

• 操作：两拇指自掌侧腕横纹中央（总筋穴）向两旁分推，称分推大横纹，又称为分手阴阳（见图 6-28）；自两旁（阳池、阴池）向中央（总筋）合推，称合阴阳。

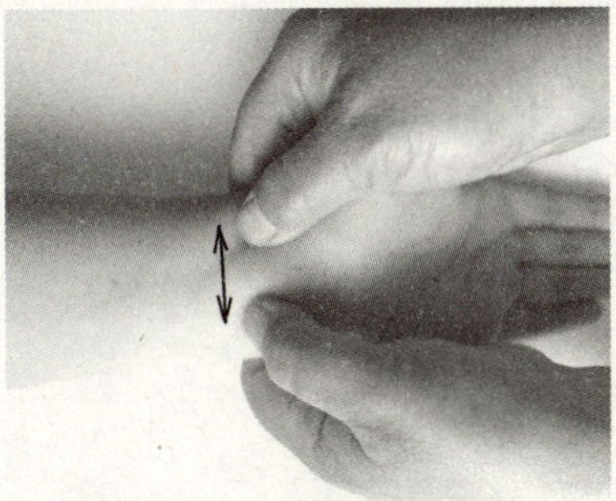

图 6-28 大横纹（手阴阳）

• 次数：30~50 次。

• 主治：寒热往来、腹胀、腹泻、呕吐、食积、烦躁不安等症。

• 临床应用：分手阴阳能平衡阴阳、调和气血、行滞食消，可与摩腹、推脾经等手法合用；如实热症阴池宜重分，虚寒症阳池宜重分。合阴阳能行痰散结，可与清天河水等手法合用。揉总筋、分手阴阳是小儿推拿手法中手部操作的常用手法。

16. 十宣（十王）

• 位置：十指指尖，指甲与白肉交际处。

• 操作：用掐法，称掐十宣（见图 6-29）。

• 次数：各掐 5 次，或醒后即止。

• 主治：高热昏厥。

• 临床应用：掐十宣主要用于急救，有清热、开窍的作用，可与掐老

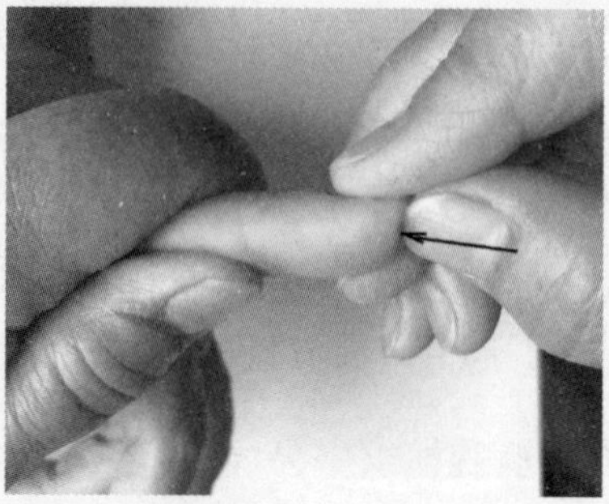

图 6-29　十宣

龙、掐人中、大推脊等合用。

17. 老龙

- 位置：中指指甲后 0.1 寸。
- 操作：用掐法称掐老龙。
- 次数：掐 5 次，或醒后即止。
- 主治：急惊风。
- 临床应用：掐老龙主要用于急救，有醒神开窍的作用。掐之知痛有声者，较易治；不知痛而无声者，较难治。

18. 二扇门

- 位置：手背部中指掌指关节两侧凹陷处。
- 操作：以食、中二指按揉，称揉二扇门；以拇指指甲掐，称掐二扇门（见图 6-30）。

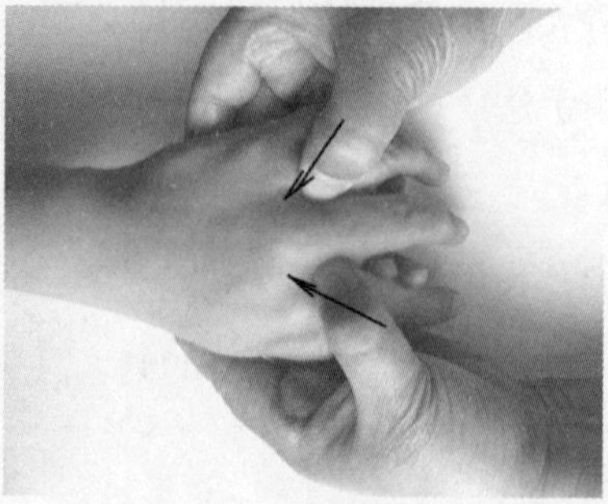

图 6-30　二扇门

• 次数：揉 100~300 次，掐 3~5 次。

• 主治：身热无汗。

• 临床应用：揉、掐二扇门能发汗透表，退热平喘，是发汗穴。若遇小儿高热无汗，按揉 1~2 分钟，即可见汗出。对平素体虚外感的小儿可先固表（用补脾经、补肾经等手法），而后用揉、掐二扇门使之发汗。

19. 上马

• 位置：手背部无名指与小指掌指关节之间。

• 操作：以拇指指端揉，称揉上马；以拇指指甲掐，称掐上马（见图 6-31）。

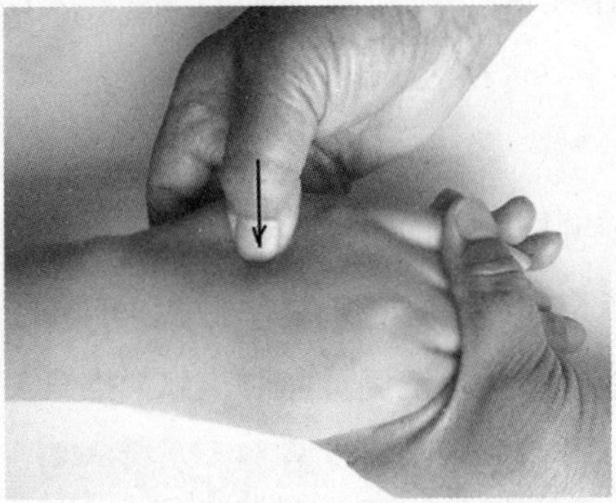

图 6-31　上马

• 次数：揉 100~500 次，掐 3~5 次。

• 主治：虚热喘咳、小便赤涩淋漓。

• 临床应用：本法为滋阴补肾的要法，可与揉肺腧、补肾经等手法合用。另外，对肺部感染有干性啰音久不消失的小儿可配合推小横纹（掌侧，食、中、无名、小指掌指关节横纹处，由拇指侧直推至小指侧）。

20. 外劳宫

• 位置：手背部、与内劳宫穴相对。

• 操作：用指揉法，称揉外劳宫；用指甲掐，称掐外劳宫（见图 6-32）。

• 次数：揉 100~300 次，掐 3~5 次。

• 主治：风寒感冒、腹痛、腹泻、脱肛、遗尿等症。

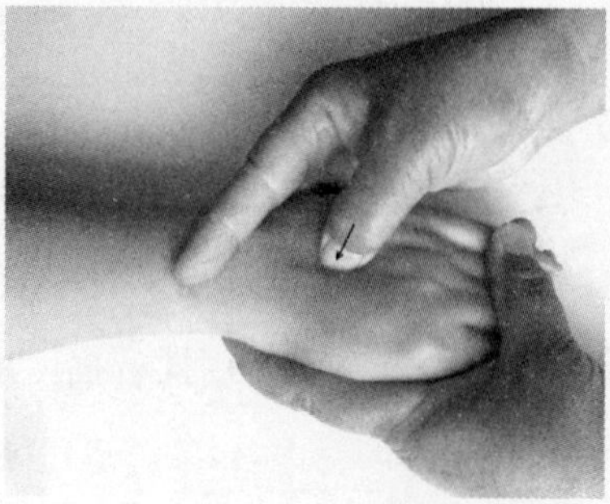

图6-32　外劳宫

•临床应用：本穴性温，为温阳散寒、升阳举陷佳穴，兼能发汗解表。可与补脾经、补肾经、推三关、揉丹田等手法合用治疗脱肛、遗尿等症。

21. 三关

•位置：位于前臂桡侧阳池至曲池呈一直线，为线状穴位。

•操作：用拇指桡侧面或食、中指面自腕推向肘，称推三关，或称推上三关；屈小儿拇指，自拇指桡侧推向肘，称大推三关（见图6-33）。

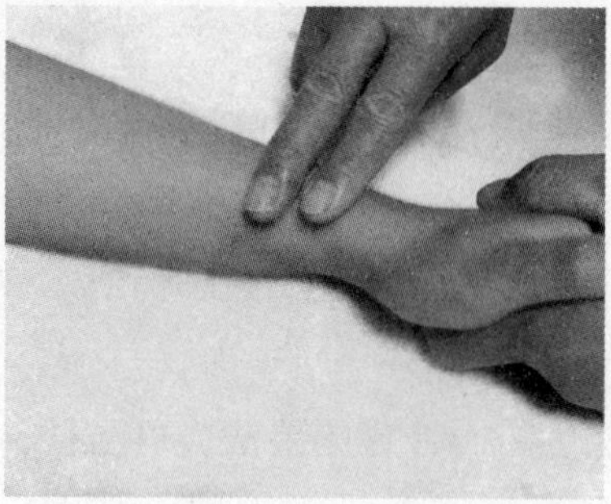

图6-33　三关

•次数：100~300次。

•主治：气血虚弱、病后体弱、阳虚肢冷、腹痛、腹泻、疹出不透及感冒风寒等虚寒病症。

•临床应用：推三关性温热，能益气行血、温阳散寒、发汗解表，主治虚寒病症，可与补脾经、补肾经、揉丹田、摩腹、捏脊等手法合用；对感冒风寒、怕冷无汗或疹出不透等症，可与清肺经、掐揉二扇门等手法合用。

22. 六腑

● 位置：前臂尺侧、阴池至少海呈一直线，为线状穴位。

● 操作：用拇指或食、中指面自肘推向腕部，称推（退）六腑，或推下六腑（见图6-34）。

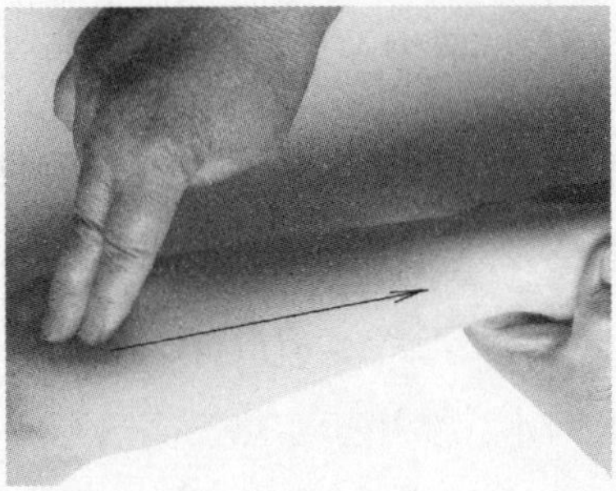

图6-34 六腑

● 次数：100~300次。

● 主治：高热、烦渴、惊风、咽痛、木舌、腮腺炎和大便秘结等。

● 临床应用：推六腑性寒凉，常用于治疗实热病症，可与清肺经、清心经、清肝经、推脊等手法合用。若小儿气虚体弱，畏寒怕冷，可单用推三关；如高热烦渴，可单用退六腑。而两穴合用能平衡阴阳，防止大凉大热伤其正气。如寒热夹杂，以热为主，推六腑与推三关之比为3∶1；若以寒为重，则推三关与推六腑之比为3∶1。

23. 清天河水

● 位置：前臂正中，总筋至洪池（曲泽）呈一直线，为线状穴位。

● 操作：用食、中二指指腹自腕推向肘部，称推天河水或清天河水；用食、中二指蘸水自总筋处一起一落弹打如弹琴状，直至洪池，同时用口吹气，称打马过天河（见图6-35）。

● 次数：100~300次。

● 主治：外感发热、潮热、内热等热症。

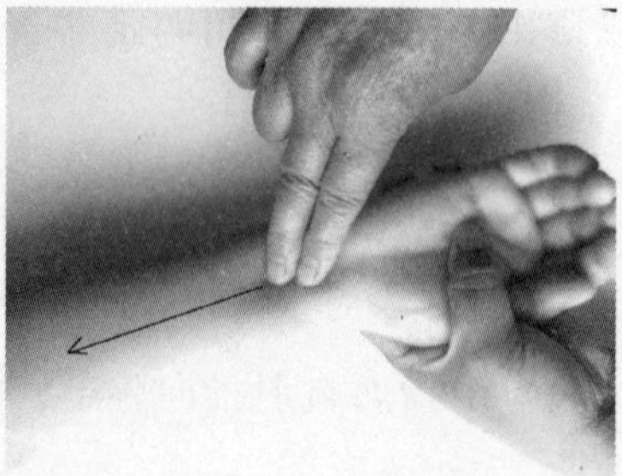

图 6-35　清天河水

• 临床应用：清天河水性微凉，较平和，能清热解表、泻火除烦，可用于治疗热症。对于外感发热，可与清肺经、推攒竹、推坎宫、揉太阳等手法合用；对于内热，可与清心经、清肝经、揉涌泉等手法合用。打马过天河清热作用大于清天河水，多用于实热、高热等症。

24. 一窝风

• 位置：在手背、腕横纹中央凹陷处。

• 操作：手掌向下，以左手托住小儿手，使其手略向上屈，再以右手拇指或者食指掐之，继以揉之（见图 6-36）。

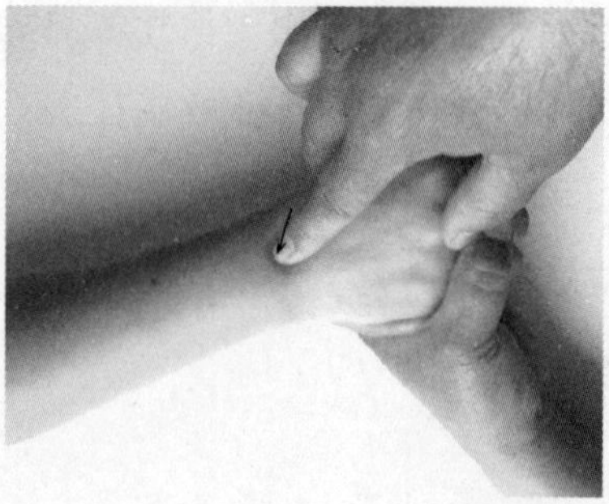

图 6-36　一窝风

• 次数：100~300 次。

• 主治：腹痛、急慢惊风等症。

• 临床应用：揉一窝风，具有温中行气、止痹痛、利关节的作用。对于因受凉、积食等各种原因引起的腹痛，也可用此来治疗。另外，该穴还具有温通经络的作用，对于风湿性关节炎，也有一定作用。

第五节 下肢部穴位

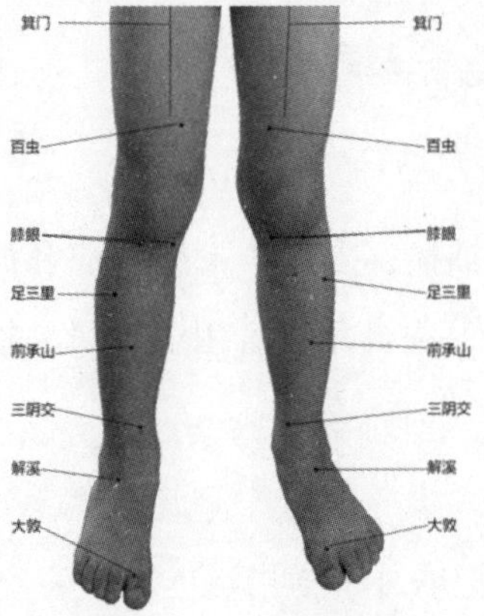

图 6-37 下肢部穴位（一）

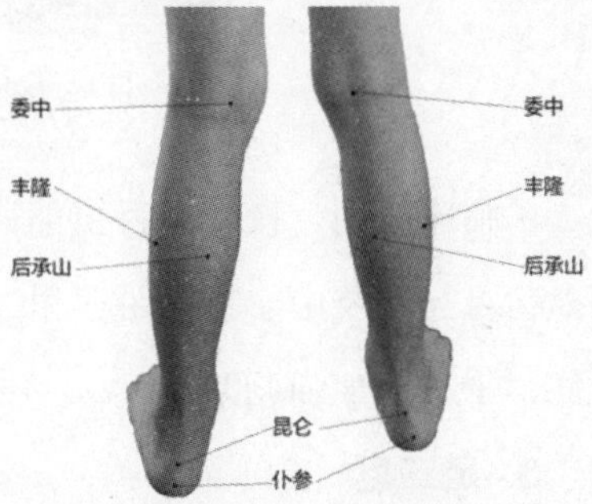

图 6-38 下肢部穴位（二）

1. 箕门

• 位置：大腿内侧，髌骨内上角至腹股沟中点呈一直线，为线状穴位。

• 操作：以食、中二指自髌骨内上角向腹股沟部做直推，称推箕门。

• 次数：100~300 次。

• 主治：小便赤涩不利、尿闭、水泻等症。

• 临床应用：箕门穴性平和，有较好的利尿作用。对于尿潴留，可与揉丹田、按揉三阴交等手法合用；对于小便赤涩不利，可与清小肠合用。

2. 百虫

• 位置：膝上内侧肌肉丰厚处。

• 操作：按或拿，称按百虫或拿百虫（见图 6-39）。

• 次数：5~10 次。

• 主治：四肢抽搐、下肢痿痹。

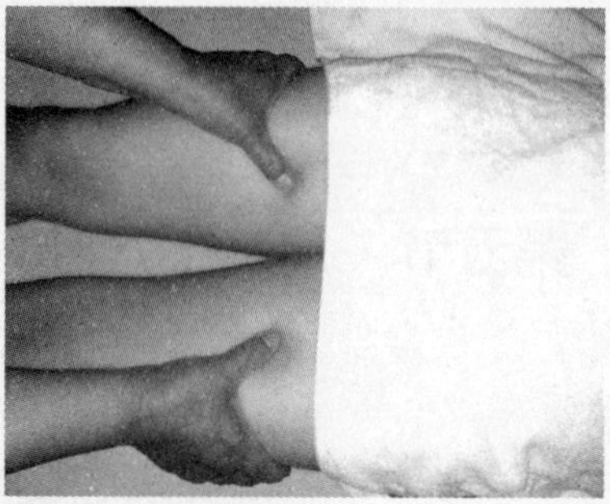

图 6-39　百虫

• 临床应用：按、拿百虫能通经络、止抽搐，多用于下肢痹痛和瘫痪等症，可与拿委中、按揉足三里、揉解溪等手法合用；若用于惊风、抽搐等症，手法应加强刺激。

3. 足三里

• 位置：膝关节外侧间隙下 3 寸，胫骨前嵴外一横指。

• 操作：以指端做按揉，称按揉足三里（见图 6-40）。

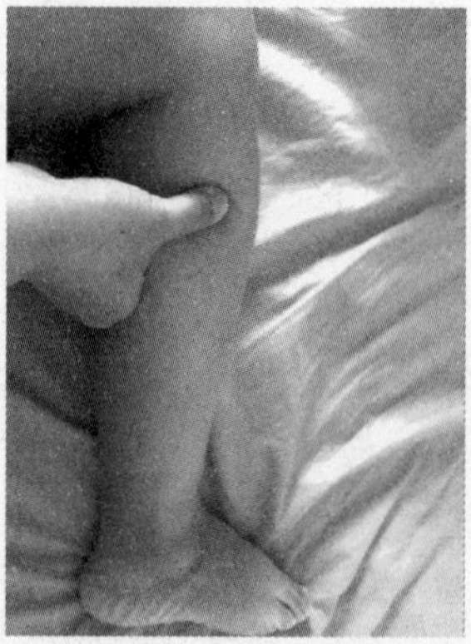

图 6-40　足三里

• 次数：50~100 次。

• 主治：腹胀、腹痛、泄泻呕吐、下肢痿痹等症。

• 临床应用：本穴为足阳明胃经合穴，能健脾和胃、调中理气、导滞通络，是治疗消化系统疾病的主穴。对于腹胀、腹痛症状，可与摩腹、揉脾腧合用；呕吐时，可与推天柱骨、分腹阴阳合用；脾虚腹泻可与推上七节骨、补大肠合用；与捏脊、摩腹合用，可作为小儿保健常规手法。

4. 前承山

● 位置：小腿前部、胫骨外侧与后承山穴相对处。

● 操作：掐、揉本穴，称掐前承山或揉前承山（见图 6-41）。

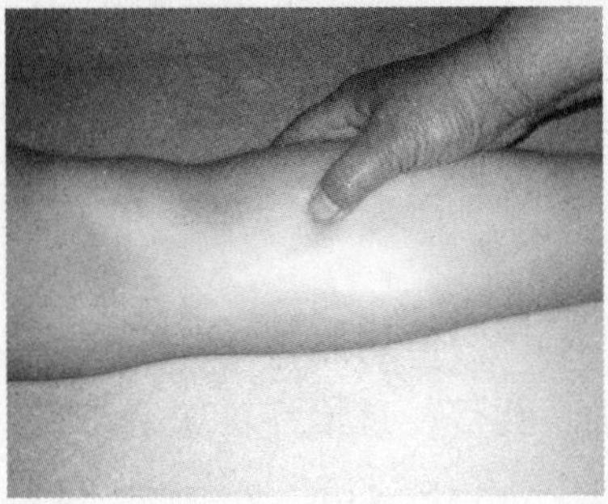

图 6-41　前承山

● 次数：掐 5 次，揉 30 次。

● 主治：下肢抽搐。

● 临床应用：治疗角弓反张、下肢抽搐，常与拿委中、按百虫、掐解溪等手法合用。

5. 丰隆

● 位置：外踝上 8 寸、胫骨前缘外侧 1.5 寸，胫腓骨之间。

● 操作：以拇指或中指揉，称揉丰隆。

● 次数：20~40 次。

● 主治：咳嗽、痰鸣、气喘等症。

● 临床应用：揉丰隆能和胃气、化痰湿，治疗痰涎壅盛、咳嗽、气喘等症，可与揉膻中、揉肺腧、运内八卦等手法合用。

6. 三阴交

● 位置：内踝上 3 寸，胫骨后缘。

● 操作：以拇指或食指做按揉，称按揉三阴交（见图 6-42）。

● 次数：20~30 次。

● 主治：遗尿、癃闭、小便频数且涩痛不利、下肢痹痛等症。

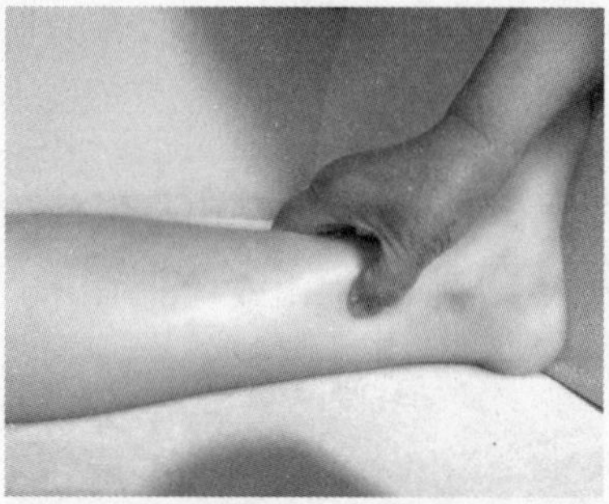

图 6-42　三阴交

●临床应用：按揉三阴交能通血脉、活经络、疏下焦、利湿热、通调水道，亦能健脾胃、助运化等，是治疗泌尿系统疾病的主穴。对于遗尿、尿闭、小便不利等症状，可与揉丹田、推箕门、推肾经等手法合用。要达到健脾胃、助运化效果，可与揉中脘、推脾经等手法合用。

7. 解溪

●位置：踝关节前横纹中，两筋间凹陷处。

●操作：掐和揉本穴，称掐解溪或揉解溪（见图 6-43）。

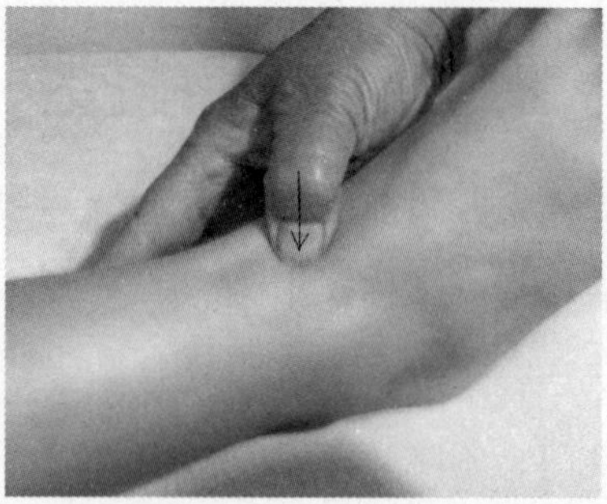

图 6-43　解溪

●次数：掐 3~5 次，揉 50~100 次。

●主治：惊风、吐泻不止、踝关节屈伸不利。

●临床应用：惊风、吐泻时用掐法，可与按百虫、按揉足三里等手法合用；踝关节屈伸不利时用揉法，可配合其他成人手法合用。

8. 委中

• 位置：腘窝中央，两大筋之间。

• 操作：以食指指端提拿钩拔腘窝中软组织，称拿委中（见图 6-44）。

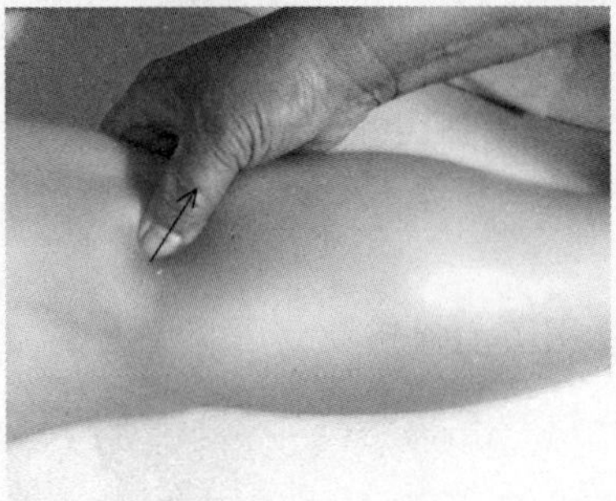

图 6-44 委中

• 次数：3~5 次。

• 主治：惊风抽搐、下肢痿软。

• 临床应用：对于惊风抽搐，可与按百虫、掐老龙等手法合用；对于下肢痿软，可与按揉足三里，按揉股四头肌、胫前肌合用。

9. 后承山（承山）

• 位置：小腿腓肠肌肌腹下凹陷处。

• 操作：用拿法，称拿后承山。

• 次数：3~5 次。

• 主治：腿痛转筋、下肢痿软。

• 临床应用：拿后承山能止抽搐、通经络，常与拿委中、按揉足三里、拿腓肠肌配合治疗腓肠肌痉挛、下肢痿软等病症。

10. 仆参

• 位置：足外踝下凹陷处。

• 操作：拿或掐本穴，称拿仆参、掐仆参（见图 6-45）。

• 次数：3~5 次。

• 主治：昏厥、惊风。

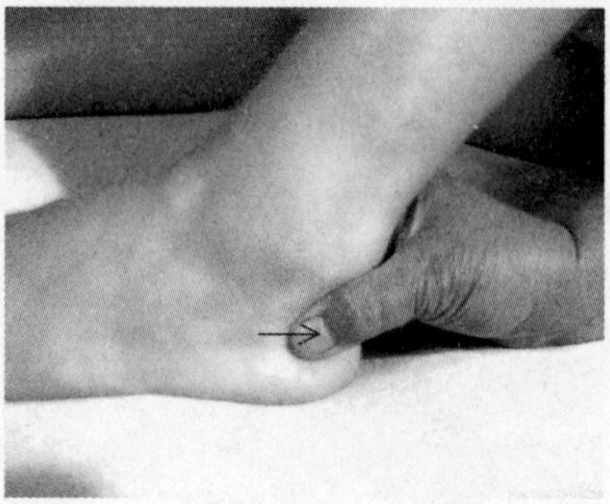

图 6-45　仆参

• 临床应用：主要用于治疗昏厥，可与掐人中、掐老龙等手法合用。

11. 涌泉

• 位置：蜷足时，在足心前 1/3 的凹陷处，是点状、线状相结合的穴位。

• 操作：以拇指从涌泉穴向足趾方向直推，称推涌泉；以指端揉，称揉涌泉（见图 6-46）。

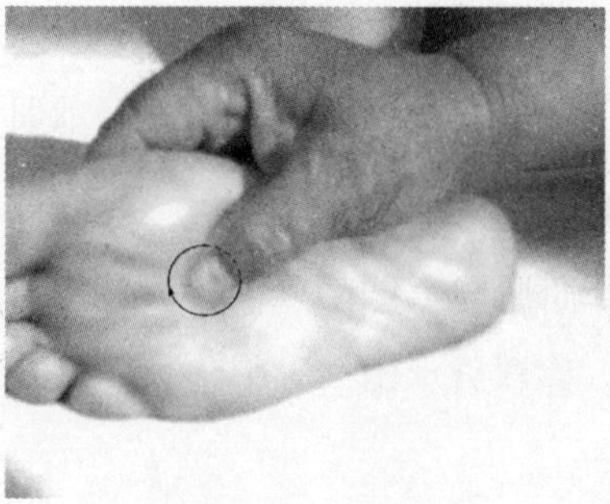

图 6-46　涌泉

• 次数：50~100 次。

• 主治：发热、五心烦热、呕吐、腹泻。

• 临床应用：推涌泉能引火归元，退虚热，主要用于五心烦热、烦躁不安等症，可与揉上马、运内劳宫等手法合用；退实热时，可与推脊、推下六腑、清天河水等手法合用；揉涌泉能治吐泻，左揉止吐，右揉止泻。

第七章

小儿常见疾病的推拿治疗

本章学习目标

1. 了解小儿常见疾病的症状表现。
2. 掌握小儿常见疾病的推拿手法。

当小儿生病时，可以按摩小儿身体的某一部位，通过经络的联系，使其体内相应的脏腑产生生理变化，从而达到治疗疾病的目的。小儿推拿的治疗范围非常广，可以有效治疗新生儿黄疸、发热、咳嗽、哮喘、泄泻、便秘、厌食、遗尿、夜啼等多种常见病症。

第一节　新生儿黄疸

新生儿黄疸是新生儿阶段的一种常见现象。由于新生儿胆红素的代谢特点，约60%的足月儿和80%以上的早产儿在出生后3~5天可出现黄疸，但一般情况良好。黄疸的主要表现为皮肤、黏膜、大便、小便等颜色发黄，中医称“胎黄”或“胎疸”。

新生儿黄疸分为生理性黄疸与病理性黄疸两类。生理性黄疸大多在出生后 2~3 天出现，4~6 天达到高峰，7~10 天消退。早产儿黄疸持续时间较长，小儿除了有轻微食欲不振外，一般无其他临床症状。

若新生儿出生后 24 小时内即出现黄疸，3 周后仍不消退，或持续加深，或消退后复现，均为病理性的。新生儿黄疸的病变脏腑在肝胆和脾胃，其发病机制主要为脾胃湿热或寒湿内蕴、肝失疏泄、胆汁外溢而发黄。

生理性黄疸一般不用治疗也可自行消退，但施以推拿手法可以帮助小儿恢复得更快。病理性黄疸必须加以治疗，小儿推拿疗法对大部分病理性黄疸有良好疗效。

从阴阳辨证上分析，新生儿黄疸分为阳黄和阴黄。

1. 阳黄

（1）新生儿黄疸（阳黄）的症状：小儿面目皮肤发黄、色泽鲜明如橘皮，烦躁不安、啼哭吵闹、不欲吮乳、口渴喜饮，或发热、小便深黄、大便秘结、舌苔黄腻等。

（2）新生儿黄疸（阳黄）的治疗原则：清热化湿、利胆退黄。

（3）推拿方法：清补脾、清胃、平肝、清天河水、摩腹、清大肠。清补脾、清胃可健脾助运，清化湿热；平肝可疏肝利胆退黄；清天河水可清湿热，湿热经小便排出；摩腹、清大肠可以通利二便，通腑泄热，利胆退黄。

2. 阴黄

（1）新生儿黄疸（阴黄）的症状：面部皮肤发黄、色泽晦暗如烟熏、精神萎靡、目光少神、四肢欠温、腹胀食少、便溏色灰白、小便短少而黄、舌淡苔灰腻。

（2）新生儿黄疸（阴黄）的治疗原则：温中、健脾、化湿。

（3）推拿方法：揉外劳宫、清补脾、平肝、揉二马。推拿外劳宫、二马可温中健脾，清补脾可健脾化湿退黄，平肝可疏肝利胆退黄。

备注：《幼科推拿秘书》曰：“小儿之疾，大半胎毒，小半食伤，外感风寒之症，什一而已。”小儿的很多疾病是由于孕母孕期不良的情绪和不当的生活习惯造成的。所以，备孕时应注意调整自己的情绪，适当缓解精神压力和工作压力，忌酒及辛辣食物。

第二节 新生儿不乳

吸乳是新生儿的生理本能。新生儿出生 12 小时后，便可开始为其哺乳，如新生儿不能吮乳，称为不乳。新生儿不乳多因元气虚弱，无力吮乳；或脾胃虚寒，气血凝滞；或初生时未及时拭口，致秽热郁积、壅结肠胃等所致。病症通常有三：元气虚弱，无力吮乳多致虚症；脾胃虚寒，产时受凉而致寒症；胎粪不下、秽热郁积、气机不畅而成实症。

1. 虚症

（1）症状

新生儿元气虚弱多因孕母体质虚弱所致，表现为禀赋不足、元气虚弱。气为一身之主，气虚则呼吸微弱、哭声低微、吮乳无力或不吸吮、四肢不温、唇舌色淡，多见于早产儿。

（2）推拿方法

补脾 5 分钟，推三关 5 分钟，补肾 5 分钟，揉二马 3 分钟，以培补元气。

补脾、推三关可大补元气，补虚扶弱、回阳生热，行一身之气；补肾、揉二马可培补元气，补肾阴、壮肾阳，改善先天不足。

2. 寒症

（1）症状

新生儿脾胃虚寒多因孕母孕期过食寒凉食品或者生产时产房寒冷所致，表现为不乳、面色青白、口鼻气冷、唇舌色淡、啼哭绵绵不休、口吐白沫或肢冷便溏。

（2）推拿方法

补脾5分钟，清板门3分钟，揉一窝风3分钟，揉外劳宫5分钟，逆运八卦5分钟，推四横纹2分钟，以温中散寒、健脾行气。

补脾、揉一窝风、揉外劳宫可温中散寒，止腹痛，补中益气；逆运八卦、推四横纹、清板门可理气和血，促进胃肠蠕动。

3. 实症

（1）症状

新生儿秽热郁积多因生产过程中突入羊水、恶血等污物所致，表现为呕吐不乳、腹部胀满、大便不通、胎粪不下、小便短赤、啼哭声粗、舌红苔黄腻。

（2）推拿方法

顺运八卦5分钟，推四横纹5分钟，清胃、清天河水各10分钟，摩腹1分钟，推下七节骨20次，以清热通便。

顺运八卦、推四横纹可开胸理气，止呕；清胃可和胃逐秽，降逆止呕；清天河水可清热除烦；摩腹可行气导滞通便；推下七节骨可清肠中热结，通腑排便。

孕母应合理饮食，不可贪食生冷食物，以免胎儿受寒；做好胎前检查，防止难产、早产、羊水吸入等情况的发生。另外，还应注意为新生儿保暖。

验方	捻金（中成药）少许，以蜂蜜水调服，可作用于秽热郁积的实症。

第三节　新生儿吐乳

吐乳为新生儿的常见现象，有因胎内受热或出生拭口不净、秽恶下咽停留胃内或哺乳无节、伤乳停滞引起的热吐，有因胎内受寒或产时感受风寒而导致的寒吐，有因幽门先天发育不良引起的呕吐，有因新生儿奶后奶汁从嘴角溢出导致的溢乳，也有因喂乳过多或者乳母缺乏母乳喂养知识引起的新生儿呕吐，须分辨病因治之。

1. 热吐

（1）症状

呕吐乳瓣呈酸腐味，口中气热，不思吮乳，脘腹胀满，烦躁啼哭，大便酸腐或二便秘涩，舌苔内厚，指纹紫滞。

（2）推拿方法

清补脾、运八卦、推四横纹、清胃、清天河水、清大肠，以清热和胃止吐。

清补脾、运八卦、推四横纹配和清胃手法可理气和胃、清脾胃湿热、降逆止吐；清天河水、清大肠可清热导滞通便。

2. 寒吐

（1）症状

呕吐乳汁或黏液清水，伴面色青白、口鼻气冷、四肢发凉、曲腰而啼或大便稀溏、舌淡苔白、指纹淡隐。

（2）推拿方法

补脾、揉外劳宫、清胃、推四横纹、清天河水，以温中散寒止吐。

补脾、揉外劳宫可温中散寒、健脾助运；清胃、推四横纹、清天河水可和胃降逆止吐。

3. 幽门痉挛、幽门肥大吐乳

幽门痉挛是因幽门植物神经系统失调，环状肌痉挛而致幽门不通畅。幽门肥大是由于幽门部分的环状肌肥大，使管腔狭窄先天性消化道畸形。因二者引起呕吐的性质与症状相似，疗法相同，故一并叙述。

（1）症状

幽门肥大性消化道狭窄小儿常于出生后 2~3 周出现呕吐，并进行性加重。开始时呕吐较轻，在哺乳后半小时内，将全部或大部分乳汁吐出。间或一两次喂乳后未吐，但在下次呕吐时连同前次摄入的乳汁一并吐出，呕吐物为乳凝块或清水，不含胆汁。呕吐为喷射性。小儿食欲好，吐后饥饿急于吸乳。二便量少，伴有明显脱水和营养不良。上腹膨隆，可见明显胃蠕动波。在右上腹，可触及橄榄核状硬块，约 2 厘米×1 厘米，边缘清楚，可以活动，此即肥大之幽门。

幽门痉挛小儿生后几天即出现呕吐，呕吐症状与幽门肥大相仿，但不如前者剧烈顽固，非进行性加剧，有时可以自行缓解。小儿右上腹摸不到硬块，腹部很少见到胃蠕动波，常伴有较度脱水、体重不增等症状。

（2）推拿方法

推拿方法有揉外劳宫、平肝、清胃、揉板门，以解痉缓急、和胃止呕。

揉外劳宫可温中补虚，与平肝合用可柔肝缓急解痉挛；清胃可和胃降逆止吐；揉板门可调理气机、清胃止吐。

日常防护	（1）哺乳后将小儿抱起，头伏在成人肩上，轻轻拍其背，以帮助其排出咽下的空气。 （2）呕吐小儿取侧卧位，以防呕吐物吸入呼吸道发生窒息或吸入性肺炎。 （3）采用多次少量的喂养方法，以减轻呕吐。

4. 溢乳

（1）症状

溢乳也是吐奶的一种。小儿脏腑娇嫩，形气未充。尤其以肺、脾、肾三脏更为突出。小儿胃呈水平位，胃部平滑肌发育尚未完善，由于贲门肌张力低，幽门括约肌发育较好，且自主神经调节差，易引起幽门痉挛出现呕吐。随着小儿月龄的增加，溢乳或者吐奶的现象会逐渐缓解。

(2) 推拿方法

揉板门、清补脾，以健脾和胃、减少新生儿溢乳。

第四节 新生儿二便不通

正常新生儿生后即可排泄大便。若生后 10 小时不排粪便，则应引起注意，24 小时仍无大便排出，若非先天性消化道畸形，则多因热蕴大肠、胎粪郁结或禀赋不足、气机失调等所致。新生儿一般于出生后 36 小时内排尿，若出生 48 小时后仍无小便排出，若非先天性泌尿道畸形，则多因胎热壅结、元气亏虚、下焦气闭等影响膀胱气化所致。

一、大便不通

新生儿大便不通，古人称“锁肚”，本病常与先天不足、胎热内蕴有关。此外，还有因先天畸形所致者。对于先天不足小儿，应温元导下；病属热的，应清热通便；先天畸形的，应通过外科手术治疗。

1. 先天不足

由于母体素虚或早产致婴儿先天不足，元气虚惫，形体怯弱，气机不运，因而便秘不通。

(1) 症状

出生后大便不通、面色苍白、唇色淡、神疲气怯、啼哭声低、手足不温、口舌润滑、肚腹胀满等。

(2) 推拿方法

补肾、揉二马、补脾、推上三关、逆运内八卦、清四横纹、清肺、推六腑、摩腹顺逆各 49 次，以培补元气为先、温通导下。

补肾、揉二马能大补元气，可补先天不足，益气助神，温下元，滋肾阴、肾阳，清虚热；补脾、推上三关能补虚扶弱，可补血生肌，改善面色、四肢不温状况；逆运内八卦、推四横纹加之补脾，可调中助消化吸收，又能消积滞、消胀，通上下焦之气；清肺、推六腑、摩腹可润肠通便、导积排便。

2. 胎热蕴肠

孕母过食辛、热食物，会导致热邪蕴结，胎热内盛，气滞不行，传导失职；或小儿出生时吞入羊水、秽物，壅结肠胃，凝滞气机，肠失传导，以致大便秘不通。

（1）症状

小儿不大便或只排出少量灰绿色黏液样物，兼有呕吐、腹胀、阵阵啼哭、辗转不安、面赤唇红症状者，治以清热通下为原则。由于胎热内盛，壅结胃肠，气滞不行，大便传导失职，故大便不通；热为阳邪，熏蒸于上，灼伤津液，故见面赤唇红，口舌干燥；热邪内扰，则烦躁多啼，哭声粗亮；腑气不通，壅结于里，故见肚腹胀满；腑气不降，胃气上逆，则发为呕吐；热移于膀胱，则小便赤，为热邪入里之症。

（2）推拿方法

揉小天心、分阴阳、清补脾、逆运内八卦、推四横纹、清肺、推六腑、揉膊阳池各 1 分钟，清天河水、补肾、揉二马、摩腹顺逆各 49 次，以清热利尿、解毒。

揉小天心、分阴阳可通经活络，安神镇静，平衡阴阳，清热利尿；清补脾、逆运内八卦、推四横纹、摩腹可消滞、消胀，促进胃蠕动而降浊止呕，和胃健脾；清肺、推六腑可通便，退热除烦，消积滞，通腑气，又能降逆止呕，消肚腹胀满，通便；清天河水可清心经之热，安神镇静，清热利尿；补肾、揉二马可大补元气，滋阴清热。

二、小便不通

新生儿小便不通的主要临床表现为膀胱胀急、哭闹不安，若不进行有效治疗，后期可导致水毒内闭、全身浮肿、呕吐、喘闷，甚至昏迷、惊厥。其治疗原则为：属于元气虚弱的，应培补元气；属热蕴膀胱的，应清热利尿；无尿道孔等先天畸形的，应通过外科手术治疗。小便不通可出现危症，故应抓紧时机治疗。

1. 元气虚弱

由于小儿母亲虚弱或早产致先天不足，元气虚弱，气化功能失调则水道不利而致小便不通。

（1）症状

面色苍白，反应迟钝，神疲乏力，哭声低弱，治宜补气利水。由于先天禀赋不足，元气虚弱，气化失调，水道不利，故小便不通，小腹胀硬；形气俱虚，故神疲声低，气血虚，则面无光泽，故面白唇淡；四肢欠温，口舌润滑，均为元气虚弱之症。

（2）推拿方法

揉小天心、补肾、揉二马、补脾、推上三关、利小肠、清天河水、推箕门，以培补元气、温化利水。

揉小天心可通经活络，清热利尿，镇静安神；补肾、揉二马可大补元气，滋阴清热利尿；补脾、推上三关可补虚扶弱，补血生肌，改善机体虚象，还有助肾阳，改善形神怯弱、四肢欠温、面白唇淡的现象；利小肠、清天河水可泻心火，利小便，分别清浊；箕门为脾经穴，推之能促排尿。

2. 热蕴膀胱

由于小儿感受胎中热毒，壅结膀胱影响气化，膀胱不得宣通，则水道受阻，以致小便不通。

（1）症状

因热蕴膀胱导致小便不通的小儿常表现为面唇红润、烦躁多啼、啼声有力，治宜清热利尿。由于胎热蕴结于膀胱，膀胱气化不宜，故小便不通；小腹胀满，热邪在里，灼伤津液，内动心火，故见唇红口干；烦躁多啼，哭声粗亮，乃热邪入里之症；严重者，毒壅中宫，胸腹胀满，喘促烦忧，热陷厥阴，甚至引起抽搐昏迷等危象。

（2）推拿方法

揉小天心、分阴阳、清补脾、清天河水、利小肠、补肾、揉二马、推六腑、按揉三阴交、推箕门、按弦走搓摩，以清热利尿、解毒。

揉小天心、分阴阳可通瘀散结，通经活络，清热利尿，平衡阴阳，调和脏腑，镇惊止抽；清补脾、清天河水、利小肠可清热、泻心火、利尿解毒；补肾、揉二马能大补元气、滋阴清热利尿；推六腑可解毒；按揉三阴交、推箕门可利尿。本症危急时需与西医配合治疗。

第五节　新生儿眼不开

新生儿眼不开即生后不睁眼，眼屎多。眼不睁多数因孕妇饮食不节，过度厚味，热毒熏蒸于脾经，而眼胞属脾，脉络紧束，热毒致眼屎多，故不能睁眼。

（1）症状

出生后不睁眼，眼屎多，甚至眼胞赤烂、面红或有热象，不欲进食，大便秘结，小便短赤等。多属孕母饮食不节，过度厚味，产热熏蒸于脾经，眼胞属脾，脉络属心，热盛脉络紧束，因此眼不能睁。

（2）推拿方法

揉小天心、清补脾、补肾、平肝、清肺、推六腑、清天河水，以清热解毒。

揉小天心可通经络、散瘀结、清热解毒、安神镇静；清补脾能清脾经之热，治胞赤烂、眼屎多；因肝开窍于目，补肾、平肝可泻其肝火，治眼疾及滋阴清热；清肺、推六腑可清热凉血、通便解毒；清天河水可清心泻火除烦、利小便。

注意：每天给患儿清洗眼，用消毒生理盐水擦洗；以眼药膏或眼药水（涂）滴眼，做到局部消炎。

第六节 新生儿夜啼

本病是指半岁以内的婴儿，白天安静，夜间啼哭不安，甚则通宵达旦，每夜如此，似有规律，常以心热、脾寒、惊吓等为发病原因。因伤乳或奶水不足，或发热、惊厥等症引起，以及夜间喜见灯光习惯的啼哭，均不属本病的范围。

1. 心热型

（1）症状

母体素盛，加上过食肥甘厚味，导致胎儿心火过盛，热扰心神，阳不入阴。具体表现为：小儿仰面而哭，声高有力，见灯光更甚；面赤唇红，口中热气，手足心热，烦躁不安；有眼屎；舌苔厚，白腻或者中间黄；积食；大便干，小便黄。

（2）推拿方法

揉小天心、神门，掐五指节（安神三主穴为小天心、神门、五指节），加推天河水、清胃经，以清心安神。

清天河水可清心降火，安神镇惊；清胃可清胃火，除积热。

2. 脾寒型

（1）症状

腹痛而啼，半夜啼哭，多因母体素体虚，加上过食寒凉食物，导致小儿先天禀赋不足，喜欢趴睡、抱睡、蜷缩而睡，哭声无力，面色青白，口中气冷，四肢不温，吃奶少，唇舌淡白，不乳，便溏。

（2）推拿方法

揉小天心、神门，掐五指节，加揉外劳宫、补脾，以温中散寒、温中健脾。

3. 惊吓型

（1）症状

恐惧状、面色青、睡中惊啼不安、阵发性啼哭惊叫。

(2) 推拿方法

揉小天心、神门，掐五指节，加平肝、清肺、清天河水、补肾阴，以镇惊安神。

平肝、清肺可安魂定魄；清天河水可安神镇静；补肾因惊恐伤肾。

注意：(1) 保持小儿室内安静，避免受凉，乳母忌食辛辣厚味食物。(2) 对于脾寒型夜啼小儿，可以用海盐炒花椒热敷其腹部。在热敷之前，温度一定要在成人的肌肤上测试温度，以防烫伤小儿。身强力壮之人搓热双掌热敷小儿肚脐亦可缓解。

第七节　婴儿湿疹

婴儿湿疹，中医称奶癣，是婴儿时期常见的过敏性皮肤病。这是一种皮肤炎症，临床上以皮肤红斑、粟粒状丘疹、疱疹或水疱、疱破后出现点状糜烂、渗液、结痂并伴剧烈瘙痒为特征。本病多由内蕴湿热，外感风热，风、湿、热邪相互搏击，发于肌肤而成。

(1) 症状

多发于颜面，先自两颊开始，继而延及额部、头皮及全身。常伴有剧烈瘙痒，导致患儿睡卧不安，神情烦躁，迁延难愈。

(2) 推拿方法

运八卦、清胃、推六腑。运八卦可消食理气、升清降浊；清胃、推六腑可清利湿热、泻火解毒。

(3) 防护

修剪患儿指甲，避免经常抓挠；乳母及小儿忌辛辣等刺激性食物。

中药验方

败酱草30克，苦参30克，蛇床子30克，黄柏30克，地肤子30克，加水1000毫升文火煎15分钟。冷却后，浸纱布在患处做冷湿敷，每次10~15分钟，每日2~3次。

第八节 吐舌、弄舌

吐舌、弄舌是婴儿常见的舌部疾患。婴儿不断地把舌头伸出口外，缓缓收回的过程称为吐舌。将舌头时露时收、不断玩乐的叫作弄舌，多因心脾二经积热所致。舌为心之苗，脾开窍于口，若心脾有热易发生本症。另外吐舌、弄舌还往往是惊风的先兆症状。先天痴呆的小儿，也有相似的表现，不属于本病范畴。

（1）症状

小儿吐舌、弄舌，伴有发热面赤、口渴烦躁、小便短赤、大便臭秽、舌红脉数、指纹紫。

（2）推拿方法

揉小天心、分阴阳清脾胃、清天河水、利小肠、平肝、补肾，可清心泻脾。

揉小天心、分阴阳可清心热，镇静，平衡阴阳；清脾胃可泻脾火，清胃热；清天河水、利小肠可清心火，利小便，安神志；平肝、补肾可滋阴清热。

第九节 发 热

发热即指体温异常升高，为一种常见小儿病症，其中以外感发热最为多见。小儿体质偏弱，机体免疫能力低下，加之冷暖不能自我调节，被风寒外邪侵袭后，因抵御外部侵蚀的阳气被抑制而导致发热。另外，小儿也会因乳食内伤，造成肺胃壅实郁而发热，或热病经久不愈，滥用温燥药物，以致阴液亏损、阳气偏亢、虚热内生。

根据小儿病因的不同，应采用不同的手法。

1. 外感发热

(1) 症状

风寒发热症状表现为发热轻、恶寒重、头痛、无汗、鼻塞、流清涕、打喷嚏、喉痒、咽红、咽干、舌苔薄白、指纹鲜红。风热发热症状表现为发热重、恶风、微汗出、鼻流黄涕、浊涕、咽疼、苔薄黄、指纹紫而浮露。

(2) 推拿方法

开天门、推坎宫、揉太阳、运耳后高骨、清肺经、清天河水，风热者加重推脊、揉大椎、揉曲池、揉合谷；风寒者，加推三关、揉二扇门、拿风池。

开天门、推坎宫、揉太阳、运耳后高骨等手法可疏风解表；清肺经、清天河水可宣肺清热。风热者，加推脊、揉大椎、揉曲池、揉合谷，以清热解表；风寒者，加推三关、揉二扇门、拿风池，以散寒解表。风热佐以清热利咽；风寒者，佐以宣肺散寒。

2. 食积发热

(1) 症状

高热、面红、舌苔黄腻，厌食、便秘、烦躁、口渴喜饮，指纹紫滞。

(2) 推拿方法

清肺经、清胃经、清大肠、揉板门、运内八卦、清天河水、水底捞月、推六腑、揉天枢、摩腹，以清热、消食、导滞。

清肺经、清胃经可清肺胃实热；清天河水、水底捞月、推六腑可清热除烦；揉板门、运内八卦、摩腹可理气消食；清大肠、揉天枢可调理大肠、通腑泻热。

3. 阴虚发热

(1) 症状

午后发热、手足心热、心烦易怒、形瘦、盗汗、食少、舌红少苔或苔剥、指纹淡紫。

（2）推拿方法

清补脾、按揉足三里、揉二马、清天河水、推涌泉，以滋阴清热。

清补脾、按揉足三里可健脾和胃，增进饮食；揉二马可滋补阴液，壮水制火；清天河水可清心除烦，以退虚热；推涌泉可引热下行，以清虚火（久热不退时可加分阴阳；大便稀溏时可加揉外劳宫；自汗、盗汗时可加揉肾顶）。

4. 惊恐发热

（1）症状

因受跌扑惊恐后引起发热，伴有面色发青、枕后热、耳郭冷、惊悸哭闹不安、睡眠易惊醒，或睡中手足掣动。

（2）推拿方法

可上推三关，下推天河水，以清热、镇惊、安神。

推三关可使惊热外散，然后向下推天河水，谓之取天河水以清心火、安神志、退惊热（惊悸者加捣小天心；大便稀色绿者加揉外劳宫）。

小儿发热后的常见推拿手法

1. 清天河水

天河水位于前臂正中。操作时，推拿人员一手握小儿手，另一手食指、中指指腹自小儿腕横纹向肘横纹推100~500次。这一手法具有清热解毒、泻火除烦的作用。此法清热不伤阴、不伤胃，适用于一切热症，如五心烦热、咽燥、唇舌生疮等。

2. 打马过天河

操作时，推拿人员先以中指指面运小儿内劳宫，再用食指、中指、无名指由小儿总筋起沿天河水打至洪池穴约20遍。这一手法具有清热通络、行气活血的作用，用于治疗高热烦躁、神昏谵语等实热症。

小儿发热后的常见推拿手法

3. 推六腑

六腑位于前臂尺侧，自阴池至抖肘呈一直线。操作时，推拿人员自小儿肘横纹推向腕横纹约100~300次。这一手法有清热凉血解毒的作用，适用于一切实热症，如脏腑郁热积滞、壮热烦渴等。脾虚腹泻者慎用。

4. 水底捞月

操作时，推拿人员用一手握住小儿四指，使其掌面向上，以冷水滴入小儿掌心，用另一手拇指螺纹面着力，紧贴小儿掌心做旋推，约35分钟。这一手法有清心、退热、泻火的作用，用于治疗高热神昏、热入营血、烦躁不安、便秘等实热病症。

发热代茶饮：四豆汤

配方：黄豆20粒，黑豆、绿豆、眉豆各15粒。多放水煮烂，取浓汤服用，可用于小儿发热及抽搐的治疗。（方剂来源：彭子益，《圆运动的古中医学》，2007）

注意：(1) 豆不可炒，炒则偏补，不能清热。(2) 浓汤不可隔夜。(3) 尿长者忌眉豆。

第十节 感 冒

感冒是小儿常见病，四季均有发生，尤以秋、冬多见，多因气候突变、遭受外邪侵袭后肺气不宣所致。根据小儿病因的不同，应采取不同的推拿手法。

1. 风寒感冒

(1) 症状

无汗、鼻流清涕、淡红舌、薄白苔、无咳嗽或轻微咳嗽、已发烧或未发烧、脉浮。

（2）推拿方法

揉一窝风、清肺、平肝、清天河水以疏风、解表、散寒。

揉一窝风可解表散寒；清肺、平肝、清天河水可疏风清热解表（头痛鼻塞者重加揉阳池；呕吐者加清胃）。

2. 风热感冒

（1）症状

发热重、恶寒轻、鼻塞、流黄浊涕、头痛咽痛、口渴微汗、面赤、唇红苔白或薄黄、脉浮数。

（2）推拿方法

清肺、平肝、推六腑，以清热解表。

清肺、平肝可清热、解表、宣肺；推六腑可清热、除烦（咳重加运八卦；头痛加揉阳池；呕吐加清胃；惊厥加掐、捣小天心）。

一般感冒每天推拿 1 次就好，最多推拿 2~3 次。推拿后 4 个小时左右，发热会加重一些，这是邪热外表之象，发热持续 2~3 小时，则汗出热退。

注意：对于易感小儿，在用相应的风寒、风热推拿方法治疗的同时可佐以捏脊。捏脊第 5 遍开始对脾腧、肺腧、肾腧、三焦腧给予重提刺激，可以健脾补肾、益气固表，扶助人体正气，使身体强健、御邪于外、阴平阳秘。

第十一节 咳 嗽

咳嗽是小儿常见的一种呼吸系统疾病。小儿脏腑娇嫩，肺气未充，卫外不固，易感受外邪。《诸病源候论》云：“肺主气，合于皮毛，邪之初伤，先客皮毛，故肺先受之。”脾气不足，易伤乳食，无论外感、内伤，都可能引起肺气升发与肃降失调，肺气上逆而致咳嗽，四季皆可发病，冬、春季节儿为多见。西医多采用抗生素对症治疗，但容易使小儿产生耐药性和副作用，无法预防咳嗽的发作，并且费用较高。

临床上一般分为外感咳嗽和内伤咳嗽两大类，小儿以外感咳嗽多见。

一、外感咳嗽

1. 风寒咳嗽

(1) 症状

咳嗽频作、痰稀色白、咽痒声重、鼻流清涕，或恶寒无汗、头身疼痛、舌淡红苔薄白、面青微黄，脉浮紧。在现实诊断中，因小儿不会将痰咳出，所以多通过观察鼻涕的性质来诊断小儿病情。

(2) 推拿方法

平肝、清肺、清天河水、揉小横纹、运内八卦、推三关、掐揉二扇门、推揉膻中、分推肩胛骨、揉乳旁、揉乳根、揉风门、揉肺腧，以疏风散寒、宣肺解表。

平肝、清肺、清天河水可解表宣肺、化痰止咳；推三关、掐揉二扇门可发汗散寒；运内八卦、推四横纹可宽胸理气；揉小横纹对于痰多小儿治疗效果好；推揉膻中、分推肩胛骨、揉乳旁、揉乳根、揉风门、揉肺腧可宣肺、化痰止咳；风寒无汗、流清鼻涕者，可加揉黄蜂入洞、一窝风。

2. 风热咳嗽

(1) 症状

咳痰不爽、痰黄黏稠、不易咳出、咽喉疼痛、鼻流黄涕、白涕、浊涕或发热口渴、舌红、苔薄黄、脉浮数或指纹浮紫。在现实诊断中，因小儿不会将痰咳出，所以多通过观察鼻涕的性质来诊断小儿病情。

(2) 推拿方法

平肝、清肺、清天河水、揉小横纹、按揉天突、推揉膻中、揉乳旁、揉乳根、揉肺腧、分推肩胛骨、运内八卦、推四横纹，以疏风清热、理气宣肺。

平肝、清肺、清天河水可宣肺清热、疏风解表、化痰止咳；按揉天突、推揉膻中、揉乳旁、揉乳根可宽胸理气、止咳化痰；揉肺腧、分推肩胛骨、运内八卦、推四横纹可宣肺、化痰、止咳；揉小横纹对于痰多小儿治疗效果好。

二、内伤咳嗽

1. 痰热咳嗽

（1）症状

咳嗽痰多、色黄黏稠难咳、流黄涕，或伴发热口渴、烦躁不安、小便黄少、大便干燥、舌红苔黄、鼻色青黯、指纹青紫。

（2）推拿方法

逆运八卦、推六腑、平肝、清肺、揉小横纹、捣小天心、按揉天突、推揉膻中、揉乳旁、揉乳根、揉肺腧、分推肩胛骨，以清热泻肺、宣降肺气。

逆运八卦可降气利膈，化痰止咳；推六腑可清实火，除热痰；平肝、清肺可清肺化痰止咳；揉小横纹可清郁热，化痰涎；捣小天心可开郁散结，解痉镇咳；按揉天突、推揉膻中、揉乳旁、揉乳根、揉肺腧、分推肩胛骨可宣肺化痰。

2. 痰湿咳嗽

（1）症状

咳嗽痰多、色白而稀、涕多，胸闷纳呆、困倦乏力、舌淡苔白腻、面黄稍青，鼻色黯青，鼻唇沟发青。

（2）推拿方法

补脾经、揉脾腧、揉肺腧、摩中脘、按揉足三里、推揉膻中、揉乳旁、揉乳根、运内八卦、分推肩胛骨，以燥湿化痰、宣降肺气。

补脾经、揉脾腧、摩中脘、按揉足三里以健脾和胃，除湿化痰；揉肺腧以补益肺气，化痰止咳；推揉膻中、揉乳旁、揉乳根、运内八卦、分推肩胛骨以宽胸理气，化痰止咳；对于缺乏食欲者可加清胃。

3. 阴虚咳嗽

（1）症状

咳嗽少痰或痰黏难咳、口咽干燥、声音嘶哑、喉痒声嘶、手足心热或潮热盗汗、唇红舌红少苔或花剥、面青少华、鼻青黯无泽、指纹紫。

（2）推拿方法

揉二马、清补脾、平肝、清肺、推揉膻中、揉乳旁、揉乳根、按揉肺腧、分推肩胛骨、运内八卦，以养阴润肺、化痰止咳。

揉二马可大补元气，扶正止汗，滋养肺肾；清补脾可健脾益气，培土生金；平肝、清肺可清热化痰止咳；推揉膻中、揉乳旁、揉乳根可宽胸理气，化痰止咳；按揉肺腧、分推肩胛骨、运内八卦可宣肺化痰止咳。

咳嗽的预防与调护

1. 注意气候变化，防止感冒。

2. 避免刺激咽喉部的食物和其他因素，如过多哭闹、喊叫、烟尘刺激等。

3. 少食生冷瓜果、肥甘厚味的食物。

4. 对于久咳体虚小儿，可加捏脊。

5. 对于虚热小儿，可加清天河水、推涌泉。

食疗验方

1. 萝卜蜂蜜饮（适用于风寒咳嗽）

用料：白萝卜 5 片、带须葱头 1 个、大枣 3 枚、蜂蜜 30 克。

制法服法：将萝卜、葱头、大枣加水适量煮沸约 30 分钟，去渣，加蜂蜜，再煮沸即可。待温热时服下，每日 1~2 次。

功效主治：萝卜味辛、甘，性凉，有清热生津、凉血止血、化痰止咳等作用。本饮可起到散寒宣肺、祛风止咳的作用，用于治疗伤风咳嗽。

注意事项：体弱孱，易感冒咳嗽、久治不愈或反复迁延的小儿可试用。但风热咳嗽、见发热痰黄者，则不宜选用。

2. 川贝母蒸梨（适用于风热咳嗽）

用料：雪梨或鸭梨1个，川贝母6克，冰糖20克。

制法服法：将梨切开，挖空去核，川贝母研成粉末后装入雪梨内，放入大碗中加入冰糖，加少量水，隔水蒸半小时。将蒸透的梨和其中的川贝母一起食入。

功效主治：川贝母为化痰止咳良药，与雪梨、冰糖并用，可起到化痰止咳、润肺养阴的功效，用于治疗久咳不愈、痰多、咽干、气短乏力症状。

注意事项：此为民间常用验方。婴儿久咳，多为慢性支气管炎，本方性味平和，对久咳体弱儿适用。复有外感者、风寒咳嗽者不宜用。

3. 百合蜜（适用于干咳）

用料：百合60克、蜂蜜30克。

制法服法：将百合洗净晾干，与蜂蜜拌匀，入锅隔水蒸熟。此蜜制百合可当作点心让小儿吃。

功效主治：百合味甘、微苦，性微寒，有润肺止咳、清心安神的作用。与蜂蜜同用，能加强其润肺止咳的作用，可用于治疗婴儿慢性支气管炎、咽干燥咳，特别是入秋之后的干咳。伴大便秘结的小儿更宜用本方。

注意事项：本法服食方便，以秋、冬季选用为宜。脾虚便溏的小儿不宜选用本方。

第十二节 哮 喘

哮喘是小儿时期常见的一种反复发作的慢性呼吸道疾病，主要表现为喘促气急、呼吸困难、喉间痰鸣，严重时张口抬肩、难以平卧、口唇青紫。大多数小儿主要表现为咳嗽、胸闷，使用听诊器可听到哮鸣音，严重发作的小儿，可在其背部听到呼气时发出的“哨笛”样声音。哮喘常在夜间和清晨发作，好发于春秋季节，常受到气候骤变、冷暖失调、饮食不当、接触异物等因素的诱发。

此病的发作是由于先天禀赋不足、脏腑功能失调导致宿痰停聚在小儿的肺经。哮喘主要原因是肺部有痰，当体质虚弱时，风寒外邪侵入，引起气动痰升，阻塞肺络，能致肺失肃降，呈现痰鸣、呼吸困难。

1. 发作期

(1) 症状

咳嗽气喘、呼吸困难、喉间有哮鸣声，甚至张口抬肩、不能平卧。

寒哮兼见吐痰稀白、口不渴、畏寒、面色青白、四肢不温、舌苔薄白或者白腻、脉浮滑或沉细、指纹淡红；热哮兼见吐痰黄稠、发热面红、渴喜冷饮、尿黄便干、舌红苔薄或者黄厚、脉浮数或者滑数、指纹色紫。

以降气化痰平喘为治疗原则，寒哮治宜温肺化痰止咳平喘，热哮治宜清肺化痰平喘。

(2) 推拿方法

寒哮：逆运八卦、外劳宫、清肺、平肝、推四横纹。

热哮：逆运八卦、推六腑、清肺、平肝、揉二马。

寒哮热哮推完主穴，均须加以下手法：

揉天突：用拇指按揉胸骨上切迹上缘正中上 0.5 寸凹陷处 50 次。

揉膻中：用拇指揉两乳头中间的膻中穴 100 次。

揉肺腧：用拇指揉第三胸椎棘突下旁开 1.5 寸的肺腧穴 100 次。

按弦走搓摩：小儿取坐位，背对推拿人员，较大小儿可将两手交叉，搭于头顶，推拿人员双手并拢，置于小儿腋下，从上至下先推摩 5~8 次，后从腋下起，来回搓摩直到腹部。当搓至肚脐平面时，就势点按两侧天枢穴，操作 10 遍左右。

逆运八卦可宽胸豁痰，降气平喘；清肺、平肝可清肺化痰止咳；揉外劳宫可温肺化寒痰；推四横纹可理气平喘；推六腑可清热除热痰；揉二马可纳气平喘、助六腑退热；揉天突、膻中、肺腧、按弦走搓摩可宽胸理气，有止咳、化痰、平喘的作用。

2. 缓解期

（1）症状

缓解期表现为怕冷自汗、气短乏力、咳嗽痰多、食少便溏、易感冒、舌苔淡薄、脉缓无力或沉细。

（2）推拿手法

按揉定喘：用拇指按揉大椎旁开 0.5 寸的定喘穴 50 次。

揉肺腧：用拇指揉第三胸椎棘突下旁开 1.5 寸的肺腧穴 100 次。

揉肾腧：用拇指揉第二腰椎棘突下旁开 1.5 寸的肾腧穴 100 次。

捏脊：用拇、食、中三指自尾椎骨端由下而上捏至大椎处，捏 6 遍。

哮喘不仅在发作期要抓紧治疗，在缓解期亦当积极防治，以免迁延难治。若在发作之前推拿或运用冬病夏治的原理，在伏天推拿可获得较好效果。

第十三节 肺 炎

肺炎是小儿常见的呼吸系统疾病之一，主要症状表现为发热、咳喘、气急鼻翼翕动，甚者涕泪闭塞、呼吸困难、张口抬肩，颜面、唇青紫。好发于冬、春季，主要因外感风邪、内蕴痰热、肺失宣降所致，也有继发于流感、麻疹、百日咳等急性传染病。其病原体多为细菌和病毒，少数为真菌感染。本病发病急，变化快，并发症多，常危及病儿生命，临床分为以下三期。

1. 早期（外寒里热型）

（1）症状

症状表现为起病急、发热恶寒、无汗或少汗、咳嗽、气急鼻塞或鼻翕、烦躁口渴、恶心不食、舌红苔黄腻、脉浮数或滑数、指纹深红。肺部听诊有湿啰音，X 线检查可见肺纹理增多或炎性改变。

（2）推拿方法

运八卦、清肺、平肝、清天河水、清胃，以宣肺散寒、清热平喘。

运八卦可宽胸降气，止咳平喘；清肺、平肝、清天河水可解表散寒，清热化痰；清胃可消食积，除内热。

2. 中期（痰热闭肺型）

（1）症状

发热不退、面赤口渴、咳喘气促、呼吸困难、痰气上壅、唇绀鼻翕、烦躁不安，甚则出现高热抽风、呕吐昏迷、苔红苔黄、脉滑数、指纹青紫或紫滞。肺部听诊有密集细小湿啰音，X 线检查有点片状或大片阴影。

（2）推拿方法

逆运八卦、清肺平肝、推六腑、推小横纹，以清热泻肺、豁痰平喘。逆运八卦可宽胸豁痰、降气平喘；清肺、平肝可清肺化痰止咳；推六腑可清热解毒，退高热，除热痰；推小横纹可清郁热化痰涎。

注意：（1）惊厥时加捣小天心，以通窍散郁，安神镇惊；呕吐时加清胃，以和胃降逆；正虚体弱者加揉二马，以扶正气，助六腑退高热。（2）治疗后体温下降、咳喘减轻者改用运八卦、清肺、平肝、揉四横纹、清天河水，以清肺、化痰、止咳。（3）对重症肺炎一定要中西医结合治疗，推拿只能做辅助及扶正治疗。

3. 恢复期（正虚邪恋型）

（1）症状

症状表现为面色苍白、咳声低弱、动则气喘或低热盗汗、手足心热或食少便溏乏力、舌淡红少苔、脉细无力或细数、指纹淡红。

（2）推拿穴位

补脾、揉二马、清肺、清天河水，以健脾益肺、清余热、化痰涎。

补脾可健脾益气；揉二马可大补元气，滋养肺肾；清肺、清天河水可清余热、化痰涎。

第十四节 泄 泻

泄泻以大便次数增多，泄泻物如水样或夹食物残渣物为主要症状，多见于夏、秋季节，为小儿常见的消化道疾病。轻则预后良好，若久泻不愈，则易导致厌食、慢惊风等，妨碍小儿正常生长发育。究其病因，主要是由于感受外邪风、寒、暑、湿之邪；饮食所伤，多食、食热性或寒凉的食物；素体虚弱、先天禀赋不足而致泄泻。6 个月以内的婴儿受到惊吓也可引起惊泻。所以，其推拿方法以调理脾胃为主。

1. 伤食泻

（1）症状

舌苔黄腻，或发热，或不发热，胸闷，嗳气酸馊，或泛恶欲吐，不欲乳食，腹胀、腹痛，痛时欲泻，泄后痛减，大便稀溏，夹有奶瓣或者蛋花状，泄泻有酸臭气，指纹紫滞，小便量少。

（2）推拿方法

运内八卦、推四横纹、摩腹、揉龟尾、揉足三里、清胃、清天河水、推大肠、揉外劳宫、推小肠，以消食导滞、止泻。

运内八卦、推四横纹可消宿食、降胃逆；摩腹、揉龟尾、揉足三里可健脾温肾；清胃、清大河水、清大肠可消食导滞。对于腹痛者，可加揉外劳宫；对于尿少者，可加揉小肠。

2. 湿热泻

（1）症状

小便黄而少，大便黏腻或带泡沫，臭如败卵，次多，泄泻急速，量多，肛门灼热，身热，面红唇赤，心烦少寐，腹痛阵作且剧，舌红苔黄腻，指纹红紫。

（2）推拿方法

推六腑、清脾胃、清大肠、逆运内八卦（呕吐）、清小肠（尿少）、右揉神阙、下推七节骨、揉二马（暴泻），以清热利湿、健脾止泻。

推六腑、清大肠可清泻肠道湿热之邪；清脾胃可泻脾胃湿热；下推七节骨可泻热通便；右揉神阙可止泻。对于尿少者，可加揉小肠穴；对于呕吐者，可加逆运八卦；腹泻频繁伤阴，可加揉二马。

3. 寒泻

（1）症状

外感风寒泻，大便泄泻稀水、色淡，有时有清水绿便，恶寒、发热、无汗，腹胀疼痛，有时肠鸣，舌苔薄白而淡，指纹色淡。

（2）推拿方法

揉外劳宫、揉一窝风、清胃、清天河水、左揉神阙、上推七节骨，以温中散寒、健脾止泻。

揉外劳宫和一窝风可温中散寒；清胃、清天河水可和胃健脾、利尿止泻；左揉神阙、上推七节骨可止泻。

4. 脾虚泄泻

（1）症状

大便清白或不消化便，冷而无臭气，面唇色淡或青，四肢厥冷，不欲乳食，口不渴，心不烦，腹冷痛剧烈，时有啼哭，喜热，小便清长，舌淡苔白润，指纹色淡。

（2）推拿方法

揉外劳宫、清补脾、平肝、补大肠、运土入水、清小肠、左揉神阙、上推七节骨，以健脾止泻。

揉外劳宫可温中健脾止泻；清补脾可健脾益气和中；平肝可扶土抑木，调和中气；补大肠、清小肠、运土入水可使大肠水分进入小肠，不至于泄泻太甚；左揉神阙、上推七节骨可止泻。

注意：小儿推拿要根据病情不同加减穴位及选择不同的手法。同时，在治疗期间应注意忌食生冷、油腻肥甘及不易消化之食物。睡觉时注意腹部保暖。

第十五节 脘腹痛

脘指胃脘，位于剑突下心窝部。腹指胃脘以下耻骨联合以上的区域。小儿脾胃薄弱，若饮食不慎、过度接受药物治疗、情志不畅，或素体脾胃虚弱，易因脾胃失调、胃肠气滞而引起脘腹痛。通则不痛，痛则不通，不同的病症应当运用不同的推拿方法。

1. 食积痛

（1）症状

有伤食史，脘腹胀满疼痛，叩之如鼓，嗳气，吞酸，按之痛甚，不思饮食，恶心呕吐，腹痛欲泻，泻后痛减，夜卧不安，大便臭秽，舌苔腻，脉滑，指纹紫滞。

（2）推拿方法

猿猴摘果、揉四横纹、摩神阙，以消食导滞、理气止痛。

猿猴摘果具有利气化痰、健脾和胃的作用，能消除积食与宿饮，适用于治疗痰鸣、食积、腹胀等病症；揉四横纹具有化积、消痞的作用，能化积、行气而止痛，适用于治疗胃痛、腹痛、疳积肚胀、厌食等症；摩神阙具有调和脾胃、消积导滞的作用，能直接作用于痛点或食积部位。

2. 寒积痛

（1）症状

因外感寒邪或食用生冷食物后，寒邪滞于肠胃，不能通和，突发脘腹疼痛，痛多绕脐，脘腹、四肢冷。面色苍白或青黑、身体蜷缩、口不渴或喜热饮、舌淡苔白、指纹淡红。

（2）推拿方法

揉外劳宫、揉一窝风、揉四横纹、拿肚角、摩神阙，以温中散寒、行气止痛。

揉外劳宫和一窝风有温阳散寒、温中行气的作用；揉四横纹可和气血、消胀气；拿肚角有消食化积、止痛止惊的作用，适用于治疗各种腹痛；摩神阙可温中补气，消积导滞。

3. 热结痛

（1）症状

郁有湿热，腹外部扪之亦热，腹胀腹痛，肠鸣作呕，四肢躁动，哭闹不安，大便秘结，小便短赤，口渴欲饮，舌红苔黄厚，指纹紫。

（2）推拿方法

苍龙摆尾、推六腑、清胃，以清热泻火、通腑止痛。

苍龙摆尾具有开胸降气通便的作用；推六腑具有通腑泄热的作用，能润肠滑下、通腑去热，可配以清板门以清脾胃之火、清大肠以泻肠道之火；清胃可除胃积热、降气和胃、消导助运化。

4. 虚寒痛

（1）症状

小儿虚痛表现为脘腹隐隐疼痛，反复发作，喜温喜揉，面色萎黄，形体消瘦，神疲倦怠，食欲不振，大便稀，舌淡少苔，指纹色淡。

(2) 推拿方法

补脾土、调五脏，以补益气血，健脾和胃止痛。

补脾土具有健脾胃、进饮食、生气血的作用，脾为气血化生之源，故重在补脾。推拿人员以一手拇指与中指对称拿捏小儿小天心与一窝风穴，另一手拇指、食指相对夹住小儿指腹与指背，从拇指开始捻揉，依次经食指肝、中指心、无名指肺，至小指肾止，共操作5~10遍，具有和调五脏的作用。

治疗腹痛验方

(1) 温熨法：寒症腹痛多因中阳不振、腹部中寒、寒气凝聚所致，对此多用炒海盐热敷神阙穴。盐走血分，这一方法可以散积引之血络，又可直接祛中焦寒邪，还可以入肾经温一身之阳气，适用于寒性腹痛。注意勿烫伤皮肤。

(2) 白胡椒7粒，研磨敷脐，用胶布固定，可治疗虚寒泻、迁延性腹泻。

(3) 神曲、焦山楂、炒谷麦芽各9克，炒后用水煎服，可治伤食泻。

第十六节 胃口差、消化不良

小儿消化不良、胃口差、不爱吃饭等情况，可以通过推拿手法进行调理。

1. 按揉推四横纹

四横纹穴位于手掌面食、中、无名、小指的第一指间关节横纹处。操作时，推拿人员用左手握住小儿的手指，用右手食指或中指指端分别按揉小儿四横纹穴，2~3分钟；也可令小儿四指并拢，用右手拇指自小儿的食指横纹处推向小指横纹，推50~100次。这一手法具有调中行气、和气血、除胀满的作用。

2. 按揉推板门穴

板门穴位于小儿手掌大鱼际处。操作时，推拿人员用左手握住小儿的手指，用右手拇指蘸滑石粉，按揉板门穴。按揉时，顺逆时针皆可；也可使用推法，由小儿拇指指根推向腕横纹可止泻，由腕横纹推向拇指指根能止呕，来回推可调整脾胃功能。按揉2~3分钟，推50~100次。这一手法具有健脾和胃、消食化积的作用。

3. 推脾经穴

脾经穴在小儿拇指桡侧面。操作时，推拿人员用左手中指或无名指夹住小儿左手四指，再以拇指与中指捏住小儿拇指，用右手拇指蘸滑石粉后，直推小儿脾经穴，从拇指指尖推向拇指指根，推50~100次，应单方向直推，不宜来回推。这一手法具有补血生肌、健脾胃、进饮食、助消化的作用。

4.（运内八卦）按摩掌心

操作时，推拿人员用左手握住小儿的手指，用右手拇指蘸滑石粉，按摩小儿掌心50~100次。按揉时，顺时针即可。这一手法具有健脾和胃、消食导滞的作用。

5. 腹部按摩

小儿取平卧位，推拿人员用右手四指或手掌，在小儿腹部，以脐为中心做圆周运动。顺大肠方向为泻，适宜大便偏干者；逆大肠方向为补，适宜大便偏稀者；一般多选择顺逆各半，按摩50~100次。操作时，手法不宜过重，应轻重适宜；推拿人员手不宜过凉。这一手法有调脾和胃的作用。

6. 足底按摩（揉涌泉穴）

涌泉穴在脚心，屈趾时，位于足掌心前正中凹陷处。推拿人员用中指、食指或拇指指端按揉该穴。按揉时，顺、逆时针皆可，操作2~3分钟。这一手法有止吐泻、调脾胃的功能。

第十七节 厌 食

厌食是指较长时期食欲不振，甚至拒绝进食，是一种常见小儿病症，以1~6岁小儿多见。如果厌食持续时间较长，影响到小儿身高、体重的正常增长，称为厌食症。

厌食小儿常常是因为脾胃功能受损，各种检查结果却显示正常，表现为食欲差、偏食挑食、腹胀便溏或者大便干结、舌苔白或薄腻或地图舌、脉细弱无力。小儿脏腑娇嫩，脾长不足，小儿饮食无度，加之现代饮食结构存在高脂肪、高蛋白、高糖的特点，导致小儿脾胃受伤，造成厌食。

1. 脾胃气虚症

（1）症状

不思饮食，面色苍白，汗多乏力，夜卧不安，舌质淡，苔薄白，指纹淡。

（2）推拿方法

补脾经、运内八卦、揉板门、推四横纹、摩腹。

2. 脾胃阴虚症

（1）症状

不思饮食，面色皮肤干燥无光泽，夜间多汗，夜卧不宁，舌质红、少津，苔少、花剥，指纹红。

（2）推拿方法

揉板门、补脾经、运内八卦。

3. 肝脾不和症

（1）症状

不思饮食，烦躁不安，白天爱发脾气，夜间啼哭不安，舌质红，苔薄黄，指纹红。

（2）推拿方法

清肝经、补脾经、运内八卦、揉中脘。

对于肝脾不和的小儿厌食，还可配合捏脊。一次共捏6遍，从第5遍开始，重提小儿督脉两侧的脏腑腧穴，用双手的拇指与食指在用力捏拿皮肤的基础上重提胃腧、脾腧、大肠腧。通过重提穴位，可以调整小儿脏腑的功能，起到调和脾胃、醒脾开胃的作用。

注意：（1）对于厌食小儿，宜在早晨空腹时捏脊。中医认为早晨是人体胃气生发的时机，此时进行捏脊治疗可以促进小儿的脾胃运化功能，增加食欲。（2）厌食小儿如果同时还有其他急性疾病，需等疾病痊愈后再进行捏脊。（3）帮助小儿纠正不良饮食习惯，做到“乳贵有时，食贵有节”，少食肥甘厚味、生冷坚硬的食物。

食疗验方

桂枝3克、炒白芍6克、炙甘草3克、生姜2片、大枣2枚，煮水。每日分两次服用。适用于7岁以下的孩子，7岁以上孩子不宜用。

第十八节　疳　症

中医将“疳症”分为两种症状，即积滞和疳积。二者均是因小儿饮食不规律、饮食失节，造成小儿脾胃失调、食停胃肠而引起的。临床上，它们的表现有所不同。

（1）症状

积滞表现为：面黄食少，逐渐消瘦，精神不振，头发枯黄、稀疏，肚腹胀满，烦躁易怒，手、足心发热，舌苔厚腻。

疳积表现为：面容憔悴，精神萎靡，睡卧露睛，头大颈细，骨瘦如柴，毛发稀疏、易脱落，肚大筋青或腹凹如舟，哭声无力，发育迟缓，容易饿，食欲不振。

如果积滞长久不消，耗伤小儿正气和津液，可出现极度消瘦，进一步发展成疳症。积滞是病的早期，偏实症；疳症是病的后期，偏虚症。《证治准绳·幼科》记载："积是疳之母，所以有积不治乃成疳候。"积久可成疳，但临床上可见疳病并非皆由积滞转化而成。疳有夹积滞者，称为疳积。

积滞和疳积病因有三：首先，母乳不足或者奶粉太稀，辅食不足，营养失调；其次，喂养不当，过度喂养，只吃肥厚生冷食物，损伤脾胃，形成积滞；最后，其他疾病转化，久泻、久痢等损伤气血，造成消化障碍，形成疳积。

（2）推拿方法

积滞和疳积在小儿推拿调理上，手法和取穴基本相同。

补脾经：用旋推法或将小儿拇指屈曲，循拇指桡侧缘自指尖向指根直推 100~300 次，可补血生肌、健脾调中。

揉板门：用拇指揉 200~300 次，适用于食积、食滞、厌食、腹胀腹痛等症。

运内八卦：以拇指用运法做圆圈摩擦推动 100~300 次，可消食理气、升清降浊，适用于胸闷、咳嗽、气喘、呕吐、厌食等症。

掐揉四横纹：使小儿掌面向上，手指略屈，推拿人员以右手拇指指甲自小儿食指依次掐至小指，续而揉之，适用于食积、脘腹胀、厌食、疳积等症。

摩腹：用中指或掌根揉 200~300 次，可调理脾胃、补脾虚、清胃肠热。

揉中脘：用指揉心口窝与肚脐连线中点 200~300 次，适用于食积、脘腹胀痛、泄泻、便秘等症。

捏脊：每次共捏 6 遍，在捏拿小儿脊背第 5 遍时，用拇指与食指分别对小儿督脉两旁的脾腧、胃腧、三焦腧、肾腧、大肠腧重提，这一手法可加强对背部脏腑腧穴的刺激，起到调和脾胃、运脾补肾、补益气血的作用。捏脊每个疗程6天，每天1次，休息1~2天后，开始第2个疗程。治疗小儿积滞宜在早晨空腹时捏脊，中医认为早晨是人体胃气生发的时机，此时进行捏脊治疗可以促进小儿的脾胃运化功能，增强消导食积的作用。

在积滞阶段，小儿有实症的情况下（不思饮食，呕吐酸腐，肚子胀气，大便秘结，哭闹不安，手足心热，舌质红，苔白厚或者黄厚，指纹紫滞），可增加清大肠和退六腑；病后脾虚失调积滞时间长久转化为疳积状态，偏于虚症（明显消瘦，毛发稀疏，肚腹膨胀，不思饮食，大便干稀不调，舌质淡，苔白腻，或者苔花剥，指纹色淡）时，增加揉足三里和揉肾顶。

刺四缝：将小儿两手洗净，用碘伏在穴位上消毒，用针灸针点刺，挤出黄色黏液。隔日1次，3次为一个疗程。休息3~5天，再做一个疗程，即有显效。刺四缝有清热除烦、理脾消积、养阴生津的作用，尤其适合烦躁小儿。

食疗验方

1. 吃肉导致的积食。用焦山楂煮水喝，开锅后小火再煮20分钟。3岁以下小儿用3克焦山楂，3岁以上的小儿用6克，五六岁及以上积食严重的小儿，可以用9克。

2. 吃得太杂导致的积食：焦三仙，即焦麦芽、焦山楂、焦神曲各6克，炒鸡内金6克，煮水，开锅后小火再煮20分钟。此方同样适用于吃肉导致积食的小儿。

第十九节 呕 吐

呕吐是脾胃系统疾病的一个常见症状，是机体的一种本能反应，常因胃失和降，气逆遇上，以致乳食由胃井口而出的一种病症，多由伤食、胃寒、胃热而引起。急性胃炎、胃肠功能紊乱均可能引起呕吐，夏、秋季节易发病。

1. 伤乳食吐

（1）症状

呕吐物酸腐，其中有乳片和未消化的食物，小儿恶心不欲食、腹胀腹痛、腹痛拒按、大便干或泻下酸臭、脉滑有力、舌苔厚腻、指纹暗滞。

（2）推拿方法

运八卦、清胃、清天河水，以消食导滞、和胃降逆。

运八卦可开饱胀，升清降浊；清胃配合清天河水可和胃降逆止呕；推板门可清胃热，止吐泻久推必效。大便秘结推下七节骨、清大肠、揉膊阳池，推下七节骨可利肠腑、泻热通便。

2. 胃热呕吐

（1）症状

食入即吐，吐物酸臭，身热烦躁，口渴喜饮，口唇干红，大便臭秽或者秘结，小便黄少，舌苔黄腻，指纹紫。

（2）推拿方法

推六腑、清胃、运八卦、四横纹、清板门、清大肠、推下七节骨，以清热降逆止呕。

推六腑配清胃可清热泻火、降逆止吐；运八卦、推四横纹可开胸理气、行滞消食、缓解腹胀；清板门可清胃热、止呕逆；下推七节骨、清大肠可清利肠腑、泄热通便。

3. 虚寒呕吐

(1) 症状

进食后经过一段时间才呕吐，吐出物不酸不臭，不消化或者吐清稀黏液，伴有面色苍白、倦怠无力、四肢不温暖、腹痛绵绵、喜暖喜按、大便稀溏、小便清长、舌苔淡白、指纹淡隐。

(2) 推拿方法

揉外劳宫、清补脾、清胃、摩腹，以温中散寒止呕。

揉外劳宫可温中散寒；清补脾、清胃可健脾安胃止吐（若外感寒邪腹痛可加拿肚角）；摩腹有调和脾胃、降逆消导的作用。

小儿脾胃薄弱推拿方法

补脾经、揉中脘、按揉足三里可以健脾和胃，增强脾胃消化功能；清大肠可以泄肠腑实热；揉板门、运内八卦可以宽胸理气，调和中焦气机，消食导滞；分推腹阴阳可以降逆止呕。

(1) 可先为小儿补脾经300次。

(2) 揉板门、清大肠：揉200次，清大肠300次。

(3) 运内八卦100次。

(4) 揉中脘5分钟。

(5) 按揉足三里200次。

(6) 分推腹阴阳：令小儿仰卧，用两拇指指端沿肋弓角边缘，向两旁分推200次。

第二十节　汗　症

在安静状态下，全身或局部无故出汗过多，甚至大汗淋漓，为异常出汗，称为汗症。汗症多见于5岁以下小儿，可以分为自汗及盗汗两类。睡中出汗，醒时汗止，为盗汗，多为阴症。若不分时辰，无故出汗，为自汗，多为阳症。小儿常以自汗、盗汗并见，总的治疗原则是调和阴阳、止汗，以治本为主、治标为辅。

一、心脾积热

症见自汗或盗汗，出汗以头及四肢为主，汗黄、酸臭，口气臭秽，烦躁，睡觉不安，大便干结，小便黄少，舌红苔黄腻，脉滑数，推拿时应清热泻火，生津止汗。

1. 清心经

心经位于前臂正中，自总筋至洪池（曲泽）呈一直线。操作时，推拿人员由小儿总筋推向洪池，100~300次。这一手法具有清热祛火的作用。

2. 清板门

板门穴位于手掌大鱼际平面。操作时，推拿人员由小儿腕横纹推向拇指指根，约50次。这一手法能清阳明经热。阳明经为多气多血之经，阳热内盛则易出汗，阳明热退，汗即止。

3. 通六腑

六腑位于前臂尺侧，自阴池至抖肘呈一直线。操作时，推拿人员自小儿肘横纹推向腕横纹100~300次。这一手法具有通腑泄热的作用，常用于治疗脏腑郁热积滞。此法为釜底抽薪，热去，腑通，气下行，汗止。

二、表虚不固

症见以自汗为主兼有盗汗，出汗遍及全身，动则更甚，面色少华，食少，四肢欠温，平常反复感冒，舌淡、有齿印，脉细弱，推拿时应固表敛汗。

1. 分阴阳

掌侧腕横纹，桡侧纹头尽端称阳池，尺侧纹头尽端称阴池，为线状穴位。两拇指自掌侧腕横纹中央（总筋穴）向两旁分推，又称为分手阴阳。

推 100~300 次。这一手法具有平衡阴阳、调和气血的作用。

2. 清肺经

肺经穴位于无名指末节螺纹面。操作时，推拿人员由小儿指根推向指尖 100~300 次。这一手法具有固表实卫、收摄止汗的作用。

3. 运太阳

太阳穴位于眉梢与眼外角中间，向后约 1 寸凹陷处。操作时，推拿人员以拇指指端或中指指端按揉此穴 30~50 次。这一手法具有疏风解表、调和阴阳的作用，能启腠理津关、调整人体汗液。

4. 掐肾顶

肾顶穴位于小指顶端。操作时，对小儿双手各掐 9 次，早晚各 1 次。这一手法具有收敛元气、固表止汗的作用，常用于治疗自汗、盗汗或大汗淋漓不止等病症。

5. 擦风池

风池穴位于后发际下大筋外侧凹陷处。来回擦此穴 50 次，能益气固表、预防感冒、醒脑明目，具有保健的作用。

三、阴虚火旺

症见潮热，盗汗，烦躁，形体消瘦，口渴喜饮，舌红少苔或花剥苔，脉细数，指纹紫滞。推拿时应养阴清热。

1. 揉二马

二马穴又名二人上马，位于手背无名指及小指掌指关节后凹陷处。操作时，按揉此穴 100~300 次，具有滋阴补肾、顺气散结的作用，能滋阴潜阳，使肾水上滋于心。这一手法为连通心肾、调和阴阳的常用手法，并能利尿通淋，使水从小便而去。

2. 擦涌泉

涌泉穴位于足掌心前 1/3 与后 2/3 交界处凹陷中。操作时，推拿人员以拇指螺纹面着力，来回推擦此穴 100 次左右。这一手法具有滋阴退热的作用，能引火归元，使亢阳得以牵制。

3. 运内劳宫

内劳宫位于手掌心中，屈指时中指指端与无名指指端之间中点即是。操作时，推拿人员用拇指指腹自小儿小指指根按运，经掌小横纹、小天心，至内劳宫止，运10~30次，能清心经、肾经的虚热。

无论哪种汗症，均可配以捏脊手法。捏脊可以刺激背部膀胱经腧穴及脊柱两侧夹脊穴，作用于督脉，可以升提人体正气、调和营卫，可谓“督脉通诸脉通”。同时，捏脊还可以健脾，以培土生金。在捏脊第5遍开始，重提刺激脾腧、胃腧、大肠腧。捏脊6遍结束后，分别按揉肾腧、肺腧、厥阴腧各10次，可调畅气机、健脾固表、减少汗出。

平时应让小儿多去户外锻炼，增强体质；合理喂养，及时添加辅食，少吃辛辣香燥及肥甘厚味的食物，慎用辛散解表药。汗出衣湿后，应及时用干毛巾擦干皮肤并换掉湿衣服，避免吹风受凉。汗出过多应及时补充水分，进食易消化、营养丰富的食物。

注意：若在天气炎热、衣服过厚、喂奶过急、活动剧烈的情况下，小儿汗多而无其他异常，不属病态。汗症亦可发生于其他病症，如佝偻病、温热病、缺钙等，须结合医院化验是否缺钙辨证治疗。

食疗方法

脾肺气虚汗症：黄芪10克、山药20克、百合20克、黄精10克、大米30克，将黄芪、山药、百合、黄精洗干净加水煮沸，30分钟后加入大米，加水熬粥后食用。

脾胃积热汗症：薏米仁20克、陈皮10克、乌梅5克、大米30克，将薏米、陈皮、乌梅洗净加水500克，煎煮30分钟后，加大米煮烂即可食用。

第二十一节　小儿口疮

小儿口疮为一种常见疾病，表现为口腔或舌面上发生小面积的溃疡，口内舌面白屑，逐渐蔓延互相融合如凝乳块，随擦随生，不易清除。常伴有小儿烦恼啼哭、吮乳困难、二便秘涩、指纹紫滞。中医根据小儿口疮的形状和发生部位的不同，将其分为“小儿鹅口疮”“小儿口疮”和“小儿口靡”，发生于两口角的，称为“小儿燕口疮”。“小儿鹅口疮”多见于新生儿或者久病体弱抵抗力低的小儿，常因乳头、食具、污手入口，白色念珠菌在口腔内大量繁殖而引起，长期使用抗生素，引起菌群失调也可以继发此病。因小儿体质不同，常分为以下几种类型。

1. 心脾积热

其母性格急躁，过食辛热、肥甘食品，热留脾胃，移于胎儿，导致胎儿受热，复感邪毒，内外合邪上蒸于口舌而成。

（1）症状

口生白屑，逐渐蔓延，布满口舌，面赤唇红，烦躁不安，吮乳啼哭，大便干结，小便短赤，脉数，指纹深红。

（2）推拿方法

清脾胃，清天河水，补肾经，水底捞月，运水入土，清大、小肠，揉总筋，倒捏脊，有发热退六腑配推上三关，以清心泻脾、解毒除疮。

2. 虚火上浮

母阴亏或小儿素体阴虚，或久病、久泻大伤元气，而致肾阴亏损，水不济火，虚火上浮；或热病后邪热灼津，或误用攻下之品，使津液亏耗、虚火上炎，加邪毒感染发为口疮。

（1）症状

白屑散在而干，黏膜赤红，潮热盗汗，颧红，舌质淡红、少苔，脉细数，指纹淡红。

(2) 推拿方法

补肾经，清天河水，逆运内八卦，水底捞月，平肝、清肺，揉总筋，倒捏脊，揉二马，搓涌泉，以滋阴降火、清热除疮。

3. 脾虚湿泛

因脾虚不运，水湿停聚，上泛口舌复感邪毒。

(1) 症状

口腔舌上白屑散在，颜色较淡，且较湿润，面色苍黄，精神萎靡，大便稀溏，舌淡苔腻，指纹淡。

(2) 推拿方法

清补脾，清天河水，顺运内八卦，平肝，清肺，清补大肠，清小肠，正倒捏脊，以健脾益气、和胃渗湿。

注意：(1) 注意饮食卫生，食物新鲜清洁，乳母不宜进食辛辣、刺激性强的食物。

(2) 注意小儿口腔卫生，注意奶具的消毒，注意哺乳前的乳头清洁。

(3) 集体看护应注意隔离，防止交叉感染。

(4) 控制抗生素的使用，使用时应遵医嘱。

验方	吴茱萸末15克，加醋调成糊状，敷足心处，用布固定。晚上敷，次晨取下。

第二十二节 小儿便秘

小儿便秘或便干是儿科常见病，严重时影响小儿的精神、食欲、生长发育和生活质量。有数据表明，长期、反复便秘的小儿，其生长、发育及智力方面明显不如健康的小儿。更重要的是，如果长期便秘，代谢产物中的有毒物质不能及时清除而蓄积体内，会诱发多种疾病。另外，现代医学研究表明，小儿便秘与口臭、龋齿、肥胖有一定的关系。

对于便秘或便干的小儿，根据小儿不同的症状进行推拿治疗，能起到健脾和胃、疏通腹气、镇静息风等作用。小儿便秘多见于实热型和脾虚型两种。

1. 实热型

(1) 症状

表现为舌苔厚，大便干结呈羊粪状，排便困难，数日不下，伴有腹痛腹胀、烦渴口臭、舌苔红或者黄燥、脉滑实，重者肛裂出血。

(2) 推拿方法

清大肠、推四横纹、清六腑、运水入土、推下七节骨，再配合摩腹，可以调理脾胃、补脾虚、清胃肠热、清热通便。

清大肠、推下七节骨可清肠道热结、导滞通便；运水入土可润燥通便；推四横纹可行气、消胀、通腑气。

2. 脾虚型

(1) 症状

表现为舌苔淡，大便艰涩不畅，伴有面色无华，神疲食少，脉细数。日久脱肛。

(2) 推拿方法

清补脾、补肾、运水入土、清补大肠、揉二马，以润肠通便。

清补脾可补脾益气养血；揉二马可滋阴；运水入土可润燥通便、清补大肠、和血顺气、调理大便。

食疗验方

萝卜汁：胡萝卜50克、白萝卜50克、蜂蜜20克。将胡萝卜、白萝卜切片加水煮，开锅15分钟后加入蜂蜜，待温后饮用。此方适用于积滞化热而致便秘的小儿。

黄芪粥：黄芪20克、太子参10克、大米30克。将黄芪、太子参洗净加水500毫升，煎煮30分钟去渣留汁，加大米煮至烂熟。此方适用于气郁血虚而致便秘的小儿。

第二十三节 惊 风

惊风又称惊厥，俗名抽风，是一种常见的小儿急重病症，以抽搐、痉挛、神志不清为主要特征，任何季节均可发生，以3个月到6岁的小儿多见，年龄越小发病率越高。一般分为急惊风和慢惊风两种。急惊风多为突然发生，出现神志昏迷、两目上视、牙关紧闭、脊背强直、手足抽搐、角弓反张、气喘痰喘、全身颤动等症状；慢惊风多发生较缓，表现出面色苍白、嗜睡神昏、两手握拳、抽搐无力、四肢厥冷等症状。

1. 急惊风

急惊风的主要病机是热、痰、惊、风的相互影响，主要病位在心、肝二经。小儿外感邪气时，易从热化，热盛生痰，热极生风，痰盛发惊，惊盛生风，则发为急惊风。外因为风热，痰食为内因，病机为风火相煽、神散气乱、关窍不通。病因以外感六淫、遗毒之邪为主，偶尔是因为受惊恐所致。小儿肌肤薄弱，腠理不密，容易感受时邪，由表入里，甚至入营、入血，内陷心包，引动肝风，出现高热神昏、抽风惊厥。

急惊风的推拿治疗原则是开窍镇惊，常用掐法，操作顺序手法为：

（1）掐少商3~5次，掐中冲3~5次，掐威灵3~5次，掐人中3~5

次。以开窍镇惊。苏醒即止，不必反复。

（2）苏醒后廾大门 50～200 次，分阴阳 100～300 次，清天河水 100～300 次，水底捞月 100～300 次，清天河水 100～300 次，清肺经 100～300 次，运八卦 100～300 次，掐五指节每节 3～5 次。

（3）拿后承山 5～15 次，拿委中 5～15 次，拿膝眼 5～15 次，猿猴摘果 10～30 次。

在治疗上，本病以清热、豁痰、镇惊、息风为治疗原则。痰盛者豁痰，惊盛者镇惊，风盛者息风，热盛者解热。

2. 慢惊风

慢惊风多因小儿禀赋虚弱、吐泻久痢之后调养失宜所致，也可因风寒、食伤、积滞、误汗、误下，或者急惊风未能根治而转化，表现为神昏气短、手足抽搐时作时止、面色淡黄、卧睡露睛、小便清长、大便溏泻。

推拿治疗原则是培元安神，操作顺序如下：

（1）分手阴阳 100～300 次，推三关 100～300 次，运八卦 100～300 次。

（2）天门入虎口 100～300 次，掐小天心 5～15 次，掐五指节 3～5 遍，推运三阴交 50～100 次，赤凤点头 30～50 次。

对于惊风，特别是急惊风的治疗，强调一个“快”字。家庭中遇到小儿发生惊风时，控制惊风的发作是疾病转归的关键，止惊可为后续去医院诊治赢得时间。

第二十四节　遗　尿

小儿 3 岁以后仍反复于睡梦中尿床称为遗尿。如小便常规、尿培养无异常发现，则多为肾气不足、下元虚冷或病后体弱、肺脾气虚不摄所致。小儿遗尿须及早治疗，若经年不愈，不仅困扰生活，还会妨碍儿童的身心健康，影响发育。

1. 揉按百会

百会穴位于头顶正中线与两耳尖连线的交点处。操作时，推拿人员用拇指指端按揉此穴 30~50 次。这一手法有安神镇惊、升阳举陷的作用，常用于治疗遗尿、脱肛等症。

2. 补肾经

肾经穴位于小指末节螺纹面。操作时，推拿人员从小儿指根推向指尖，100~500 次。这一手法具有补肾益脑、温养下元的作用，常用于治疗先天不足、久病体虚、肾虚久泻、遗尿等症，多与揉肾腧合用。

3. 补小肠

小肠穴位于小指尺侧边缘，自指尖至指根成一直线。操作时，推拿人员自小儿指尖向指根推 100~500 次。这一手法具有温补下焦的作用，常用于治疗下焦虚寒、多尿、遗尿等症。

4. 揉丹田

丹田穴位于小腹部，脐下 2~3 寸。操作时，推拿人员揉小儿此穴 100 次。这一手法具有培肾固本、温补下元、分清别浊的作用，常用于治疗小儿先天不足、疝气、遗尿、脱肛等症。

5. 揉三阴交

三阴交穴位于内踝高点直上 3 寸，胫骨内侧面后缘处，为足三阴经之交会穴。操作时，推拿人员以拇指或食指、中指的螺纹面着力，用力按揉小儿此穴 20~50 次。这一手法有通血脉、活经络、疏下焦、利湿热、通调水道的作用，亦能健脾胃、助运化，主要用于治疗泌尿系统疾病，多与揉丹田配合治疗遗尿。

6. 捏脊

对于遗尿小儿，在采取以上手法的基础上配合捏脊手法有健脾益肺、补肾固元、固涩膀胱的作用。治疗遗尿捏脊宜早、晚各操作 1 次，以起到加强健脾补肾归元的作用。每次捏脊可捏 6 遍，从第 5 遍开始，可以用双手的拇指与食指合作分别在心腧、脾腧、肺腧、肝腧、肾腧重提，用较重的力量刺激督脉两旁的脏腑腧穴，以调整小儿脏腑，起到健脾益肺、补肾固本、固涩膀胱的作用。同时，可以在膀胱经的肾腧穴上，施以点揉法，对肾腧穴位的刺激可补肾固涩，肾气足则元气充实，制约尿液的能力也会增强。

注意：(1) 治疗小儿遗尿应首先排除器质性疾病，如隐性脊柱裂、尿道畸形、蛲虫感染等。

(2) 坚持进行排尿训练，定时唤醒小儿，以避免其在熟睡中排尿。

(3) 临睡前两小时，最好不饮水，少吃或不吃流质食品。睡前尽量排空小便。

(4) 培养良好的生活习惯，避免过度紧张和疲劳。

(5) 对遗尿小儿不能打骂和歧视，要耐心教育和引导，消除其紧张情绪，及时鼓励进步。

第二十五节　小儿肌性斜颈

肌性斜颈俗称“歪脖”，多与损伤有关，即因分娩时一侧胸锁乳突肌因受产道或产钳挤压受伤出血，血肿机化形成挛缩。分娩时胎儿头位不正，阻碍一侧胸锁乳突肌血运供给，也会引起该肌缺血性改变，导致肌性斜颈。另外，胎儿在子宫内头部向一侧偏斜也会导致肌性斜颈，与生产过程无关。小儿肌性斜颈不包括脊柱畸形引起的骨性斜颈、视力障碍的代偿姿势性斜颈或颈部肌麻痹导致的神经性斜颈。这一病症的主要表现为小儿出生后一侧颈部有梭形或者索状硬块，其走向与胸锁乳突肌一致，头向患侧倾斜、脸旋向健侧，颈前倾。如不及时纠正，患侧面部将相对变小，颅骨发育不对称，健侧活动功能受限。

治疗方法为活血化瘀、舒筋活络、消肿散结，推拿时常对患侧胸锁乳突肌采用推揉、捻拿、弹拨引申等手法。

（1）令小儿仰卧，推拿人员用拇指、食指或中指的螺纹面推揉患处2~3分钟。

（2）推拿人员将拇指与食指、中指相对，拿捏住小儿胸锁乳突肌的肿块，拿捏局部2~3分钟。手法宜柔和，不可用力太大。继而用拇指弹拨患处10余次。

（3）推拿人员一手按住小儿患侧肩部，另一手拿住小儿头部，轻轻向健侧倾斜摇动10余次。接着一手扶住患侧头部，一手托住健侧下颌部，将小儿面部慢慢地向患侧旋转引申3次，再用拇指螺纹面轻揉患侧的地仓、翳风、颊车、耳后高骨、风池、肩井等穴。每次推拿约10分钟，每日1次，一般3个月左右可以治愈。

注意：推拿出汗后，不要被风吹。小儿肌性斜颈的治疗越早越好，一般以出生后3个月以内开始治疗为好。推拿能改善局部的血液循环、舒筋活络、活血化瘀，促进局部肿块消散，治愈率高。

第二十六节　儿童多动症

儿童多动症以多动、注意力不集中、参与事件的能力差，但智力基本正常为特点，是一种儿童行为障碍疾病。目前，关于儿童多动症的病因尚不清楚，一般认为与早产、难产、脑外伤和某些传染病、中毒等因素有关，并与家族遗传、先天发育及出生史有一定联系。

中医认为儿童多动症是肝郁痰滞、痰气交阻、郁久化火、心神被扰所致，临床可分为肝肾阴虚、心脾两虚、痰火内扰等不同类型。治疗原则是安神定志、补益心肾，以及滋肾平肝。通过特定穴位取穴，能达到补脑安神、健脾益气、促进脏腑功能的目的，同时可缓解和降低大脑的兴奋性而延长小儿的睡眠时间，促进小儿生长发育。

小儿推拿治疗的操作步骤包括头部推拿手法、胸腹部推拿手法、背部推拿手法等。

1. 头部推拿手法

小儿取仰卧位，推拿人员坐于其头侧，以拇指点按小儿百会及四神聪各30秒；开天门，即两拇指自下而上从小儿印堂至前庭交替直推50次；推坎宫，即双手拇指自眉头向眉梢分推50次；运太阳50次；拇指按揉睛明、鱼腰、丝竹空、迎香各30秒；指按人中、承浆各30秒；头部啄法1分钟；头部擞法1分钟；五指拿头顶30次。

2. 胸腹部推拿手法

小儿取仰卧位，推拿人员掌推小儿任脉，即以掌或掌根自小儿膻中直推至曲骨穴30次，双手掌自上而下分推小儿胸胁部30次。

3. 背部推拿手法

小儿取俯卧位，推拿人员立于一侧，以手掌或掌根自上而下，即从大椎直推至长强（推督脉）30次，施滚法于背腰部5分钟，双手重叠从小儿大椎至长强按压，并结合震颤法操作10次；捏脊10次，拇指点按双侧心腧、肝腧、脾腧、肾腧各30秒，双手掌自上而下分推背部10次。小儿取坐位，推拿人员立于其后，双手提拿小儿双侧肩井5次，虚掌拍打大椎穴10次，拿双侧曲池、合谷各30次。

第二十七节　小儿脑性瘫痪

小儿脑瘫是小儿脑性瘫痪的简称，是指在孕期至新生儿期，由多种原因引起的小儿大脑非进行性损伤，出现以运动功能障碍和姿势异常为主要表现的综合征，临床上可伴有智能障碍等。

小儿有不同程度下肢内收并内旋，两腿交叉呈剪刀样，足跟悬空，足尖着地；上肢肘关节屈曲，内收于胸前；腕和手指关节屈曲，肌张力亢进，深反射亢进，踝阵挛；肌张力低下，坐立不稳等症状。

西医认为小儿脑瘫是由脑部病变引起，一般不能治愈，必要时需做外科手术，以改善其运动功能 。中医认为，该病属于“五迟”“五软”范畴，主要由先天不足、后天失养；或病后失调致使精血不足、脑髓不充；或热毒损伤脑络后耗气伤阴，脑髓及四肢百骸、筋肉失养，导致本病。《医宗金鉴·幼科心法》云：“小儿五迟之病，多因父母气血虚弱，先天有亏，致儿生下筋骨软弱，行步艰难，齿不速长，坐不能稳，皆肾气不足之故。”

因此，在推拿手法上运用补脾经、补肾经、揉中脘、摩腹、揉足三里，以健脾和胃、补气血、补肾；揉气海、关元，以培肾固本；揉脊、揉百会，以安神益智；擦督脉、捏脊，以疏通经脉、调理气血、培补元气。

（1）补脾经 300 次，补肾经 300 次，揉中脘 100 次，摩腹 5 分钟，按揉足三里 100 次，按揉百会 100 次，按揉膀胱经第一侧线上的背腧穴 3 遍，揉脊 5 遍，捏脊 3 遍，擦督脉及膀胱经第一侧线至皮肤红为止。

（2）上肢部按揉肩三针、曲池、合谷各 1 分钟，拿上肢 3 遍。

（3）下肢部揉环跳、承扶、委中、阳陵泉各 1 分钟，弹拨腹股沟及足太阳膀胱经穴位，摇髋关节 1 分钟，踝关节被动屈曲及背伸 10 遍，拿跟腱 3 遍。

实验研究证明，推拿能改善脑血流。虽然脑细胞的损伤是不可逆的，但可以通过对经络的刺激，反射到大脑皮层，刺激大脑细胞，提高脑细胞的兴奋性，起到代偿作用。

第二十八节　小儿麻痹后遗症

小儿麻痹症，又称“小儿脊髓灰质炎”，是由特异性嗜神经病毒（脊髓灰质炎病毒）引起的一种急性传染病，流行于夏、秋之间，多见于 1~5 岁小儿。传染源是急性期小儿的粪便和上呼吸道分泌物，存在于小儿的鼻咽壁、肠壁和脊髓。

临床特征为，先出现发热（双峰热）、肢痛，伴有胃肠道或上呼吸道感染症状，继而发生肢体麻痹和弛缓性麻痹。由于近些年来采取预防措施，这一疾病已很少见。若发病后一年半以上尚未完全恢复的，称“小儿麻痹后遗症”。

其推拿治疗方法：通经活络、濡养筋骨法。一般在急性期过后，即可用推拿手法进行治疗，恢复较好的，可不留后遗症或少留后遗症。数年后已形成后遗症者，再进行治疗，其疗效较差。

1. 头面部推拿手法

（1）将小儿抱坐或扶坐，推拿人员先为其按揉百会穴、开天门穴、推坎宫穴等。

（2）再用双手中指着力，反复推、按、揉、运小儿两太阳穴 30~50 次，称“推运太阳法”。

（3）反复按揉小儿两侧牙关穴（即颊车穴）30~50 次，称“按揉牙关法”。

（4）再按小儿地仓穴，并掐按人中穴、承浆穴等，用于治疗伴有口眼歪斜等症状的小儿。

2. 颈肩及上肢部推拿手法

（1）拿揉小儿两风池穴、天柱穴、大椎穴、大杼穴等，反复拿揉颈肩部两侧肌肉。

（2）用右手食、中指相伴着力，反复自上向下直推颈椎（自风府至大椎一线）100 次，按而揉之 3~5 遍称“推天柱骨法”。

（3）再双手着力，反复拿揉小儿肩部肌肉及两肩井穴 30~50 次，称“拿揉肩井法”。

（4）一手握住小儿患肢手腕，用另一手拇指着力，抠揉小儿缺盆穴、点揉抠拨肩髃穴，各反复 10~20 次。

（5）用中指着力，伸入小儿患肢腋窝，反复抠拨极泉穴、青灵穴、少海穴等。

(6) 用拇指尖着力，抠拨小儿曲池穴、曲泽穴，掐揉内关穴、外关穴、总筋穴、一窝风穴、合谷穴等。

(7) 再反复捏揉小儿上肢四面肌肉，继而旋摇活动肩关节、肘关节、腕关节及手指各关节。

3. 腰背部推拿手法

(1) 将小儿俯卧放平，推拿人员先用手掌着力，反复按、揉、搓、摩小儿腰背部脊柱及其两侧肌肉 3~5 遍。

(2) 用双手拇指着力，反复按、揉小儿膈腧、肝腧、肾腧、命门、腰阳关及八髎等穴。

(3) 再用推脊法和捏脊法，反复推、捏小儿脊柱两侧肌肉和穴位。

4. 下肢部推拿手法

(1) 推拿人员用手掌着力，反复推揉和拿揉小儿下肢后面肌肉。

(2) 用拇指着力，反复按揉小儿患肢环跳穴、承扶穴、殷门穴、委中穴、承山穴等。

(3) 掐揉小儿昆仑穴、太溪穴，再反复捻揉跟腱。

(4) 让小儿翻身仰卧，推拿人员用手反复拿揉小儿下肢前面及内外面肌肉，再反复按揉其伏兔、风市、足五里、阴市、血海、梁丘、阴陵泉、阳陵泉、足三里、三阴交、悬钟、解溪、太冲等穴。

(5) 用拇指尖着力，反复抠刮揉按髌八卦（在髌骨的内外上下、内上、内下、外上、外下八个点处）各 3~5 遍，称“抠刮髌八卦法”。

(6) 手掌反复拍打患侧上肢四面 3~5 遍；再拍打腰背脊柱及其两侧各 3~5 遍，反复拍打下肢四面，各 3~5 遍；最后做下肢髋关节、膝关节和踝关节的旋摇活动。

第二十九节　近　视

近视眼（Myopia）也称短视眼，表现为只能看清近处的物体而看不清远处的物体。这种眼睛处在休息状态时，从无限远处来的平行光，经过眼的屈光系统折光后在视网膜之前集合成焦点，在视网膜上则形成不清楚的像。

依据中医眼科学病症诊断疗效标准，可将小儿近视眼症型归纳为心阳不足、脾虚气弱、肝肾亏虚 3 个症型。

心为阳脏而主通明，在五行属火，为阳中之阳，故称为阳脏，“心为火脏，烛照万物”（出自唐宗海《血证论》）。若心阳不足，神光不得发越于远处，视远模糊。

脾胃为气血生化之源，脾输精气，上贯于目，脾升清阳，通至目窍。脾气不足，久延不愈，可使脾不统血、营血亏虚，脾也失去了升清阳之功，致使目失锁阳引起神光衰微、光华不能远及。

肝藏血，肾藏精，肝肾两虚就是精亏血少、目失所养。临床表现为远视力减退、外斜视、视力疲劳和眼球突出。

推拿手法治疗近视是将循经取穴（主要取睛明穴、攒竹穴、百会穴、丝竹穴等）和随症取穴相结合，根据相互关联的传入神经，在体表相应部位选取刺激点，通过按、揉、捏、摩等手法，调节视觉神经通路，刺激中枢视皮质，从而恢复视力。具体操作手法为：

（1）揉睛明、攒竹、太阳、四白各 300 次，揉翳风、按风池、按揉天柱骨、分推坎宫、揉眼眶各 200 次。为小儿按摩数天，一般都会有很好的效果。

（2）取小儿的合谷、光明、风池、绝骨，全是垂直点按但用力稍微向下（四肢末端）偏一些；取太渊、睛明、复溜，垂直点按但用力稍微朝向头部（百会处）偏一些。每次点按合谷 70 下，其他穴位每次各点按 140 下。

注意：治疗近视以近取为主，以调和气血、解除眼肌疲劳、增加视力。本法不仅可以用于治疗，而且可以用于近视的预防保健。

第八章

小儿日常保健推拿法

本章学习目标

1. 了解小儿日常保健的基本需求。
2. 掌握小儿日常保健的基本推拿手法。

小儿推拿不仅能治病，其理论和手法在日常保健方面的应用也较多。尤其是保健手法“摩腹”和“捏脊”，在日常生活中广泛应用。《千金要方》中指出“小儿虽无病，早起常以膏摩囟上及手足心，甚辟寒风”。可见，小儿保健按摩重在预防，它具有健脾和胃、增进食欲、强身健体、促进发育的作用。

第一节　小儿捏脊保健

在中医推拿疗法中，捏法是其中之一，在捏法中有作用于人体脊背部的穴位进行治疗的方法。捏脊疗法因其作用于脊柱故称“捏脊”，常用以治疗小儿疳积、积滞等疾病，故又称为“捏积”。捏脊疗法历史悠久、源远流长，是祖国医学的重要组成部分。千百年来在小儿疾病的防治中发挥了重要作用。捏脊疗法是祖国医学特色外治法，是在长期社会医疗实践中逐步摸索出的一种脱胎于古老按摩手法（捏、拿等手法）的疗法。捏脊疗法经过历代医家探索完善，以中医基础理论为指导，拥有自己独特的理论体系，使用多种手法作用于人体脊背的经络、穴位，以调整人体脏腑、气血功能，从而达到防治疾病的目的。

1. 捏脊疗法流派

随着中医学的发展，捏脊手法出现不同的流派。南方地区捏脊时多采用三指捏法，即双手手心朝下；北方地区以北京地区满族为代表，多采用二指捏法，即双手手心朝上。两种捏法有其不同之处。

（1）三指提法以拇指横抵于皮肤，食指、中指置于拇指前方皮肤处，以三指指腹相对用力捏拿皮肤，两手交替向前捻动，同时拇指向上推移，从龟尾至大椎穴止为一遍。如此反复捏拿，在捏拿 3 下或 5 下的同时提拿一次，称为“捏三提一”“捏五提一”。三指捏拿的力量相对较小，主要刺激夹脊穴。因地域的影响，南方地区气候温暖，皮下脂肪相对较薄，采用较轻刺激手法即可激发阳气，故南方采用该手法者居多 。

（2）二指捏法双手腕关节略向各向尺侧偏斜，食指中指桡侧抵于皮肤，拇指置于食指前方的皮肤处，以拇指、食指捏拿皮肤，两手交替向前捻动，从龟尾至大椎为一遍。如此反复，其中一遍在捏拿的同时提拿一下，临床操作时可以根据不同的情况选择推拿的部位和穴位。且两指提拿的力量相对较大，同时，伴有双手指紧贴抵住脊柱的皮肤，可以加重刺激督脉及膀胱经。因北方人肌肉丰厚，皮肤坚实，宜重刺激。每日捏拿 1 次，连续 5~7 天为一个疗程。休息 2~7 天可进行下一个疗程。

2. 捏积疗法的作用机理及应用

捏积疗法是以中医的明阳五行、经络学说作为基础理论，并以中医的辨证施治为原则，通过捏拿小儿的脊背，来达到治疗小儿疾病目的的治疗方法。按照中医的理论，人体在正常的生理活动中，作为人体的阴阳应该保持着对立而又统一的协调关系，一旦这种相对的平衡状态受致病因素的影响而失去平衡，出现了阴阳的偏盛或偏衰，疾病就会随之产生，中医的所谓“阴平阳秘，精神乃治”的观点，讲的就是这个道理。

此外，中医还应用阴阳互根的属性进一步说明人体的阴阳相互依赖和相互滋生的关系。例如，就人体的气血来讲，气为阳，血为阴，因此，阳气和阴血在体内就形成了一种相互依赖和相互滋生的协调关系。在气与血的关系中，中医又认为，气为血之帅，气行则血行，气滞则血瘀。捏脊疗法就是根据中医这些基本理论，通过捏拿小儿脊背，振奋小儿全身的阳气，推动全身气血的运行，来平衡阴阳，达到治疗小儿疾病的目的。这是因为就人体的腹背来讲，腹为阴、背为阳，而脊柱又在人体背部的中央，督脉循脊而过，督脉的特定循行路线就决定了它具有主统全身阳气的功能。同时从督脉循行路线来看，它的起始部位与阴经任脉相连，自下而上，贯通脊背，络肾通脑，再加上人体经络遍及全身、无处不至的特点，使督脉可以沟通人体的表里、内外。因此，通过提拿小儿的脊背，振奋督脉的阳气，就可以推动全身气血的运行，调整全身的阴阳平衡，达到治疗和预防疾病的目的。

除了上述督脉的治疗作用外，由于足太阳膀胱经的循行路线位于督脉的两旁，因此，在提拿小儿脊背的时候，足太阳膀胱经也得到了相应的刺激，在这条经脉上分布着与人体内部脏腑解剖部位相邻的脏腑腧穴。如肺腧、厥阴腧、心腧、膈腧、肝腧、胆腧、脾腧、胃腧、三焦腧、肾腧、大肠腧、小肠腧、膀胱腧，这些腧穴统称背腧。通过对这些腧穴良性刺激，不仅可以协调小儿脏腑之间的功能，促进机体的机能活动，还可以通过对小儿某些腧穴的重点捏拿来治疗某些脏腑的疾病。总而言之，捏脊疗法可以对小儿起到调阴阳、理气血、和脏腑、通经络的治疗效果，也是通过对督脉和足太阳膀胱经良性刺激的共同效果，其对于消化系统的作用是最直接、有效的。

第二节 小儿按摩保健

按摩对小儿是一种适宜的保健，能改进小儿血液循环，有利于内脏及肢体的发育，帮助其消化，提高免疫力，还可使小儿的感觉更加敏锐。具体推拿手法如下：

(1) 按摩手臂。小儿取仰卧位，推拿人员将左手拇指伸到小儿左手掌中，轻轻握住小儿的手，用右手从其左肩部往下轻轻按摩到手腕部。再用同样的方法按摩右臂，各做4~6次。

(2) 按摩腿部。小儿取仰卧位，推拿人员用右手握住小儿左脚，用左手从内向外，从上往下轻轻按摩；然后，用同样的方法，推拿人员用左手握小儿右脚，用右手按摩其右腿，各做6~8次。

(3) 按摩胸腹部。小儿取仰卧位，推拿人员用双手掌面按“J”字沿顺时针方向按摩婴儿腹部6~8次。然后，再以腹部为中心向胸部两肋间方向按摩，各做6~8次。

(4) 按摩背部。小儿取俯卧位，推拿人员用手顺着其脊椎从头颈部位往臀部按摩。然后，再从臀部沿脊椎尾骨处往上按摩到头颈部，各做6~8次。

第三节 小儿健脾胃推拿保健

脾是后天之本，气血之源。小儿生长发育所需要的一切营养物质，均需脾胃化生。而小儿脏腑娇嫩，形气未充，脾常不足，易为饮食及外邪所伤。小儿生长发育迅速，所需营养物质较多，所以小儿脾胃运化水谷、吸收精微物的负荷相对较大，脾胃正常运转是小儿健康成长的基本保证。

小儿脾胃不调的常见症状为大便硬、稀烂或常拉不消化的东西，腹胀，不想吃东西，过于消瘦或肥胖，面色暗黄，睡觉时嘴巴张开或两眼不能完全闭合，常生病。

可以通过推拿调理脾胃，增强儿童的食欲，达到调理气血、促进消化吸收的功能，从而提高小儿身体素质、增强抵抗力。具体推拿手法如下：

（1）推三关200次，推拿人员用大拇指或食指、中指指面，沿小儿前臂内侧面靠大拇指成一直线从腕推向肘部。

（2）补脾经200次，即推拿人员在小儿大拇指指腹沿顺时针方向旋转推动。

（3）运内八卦100次，就是在小儿手掌面，以掌心为圆心，从圆心至中指指根横纹2/3处为半径做圆圈，沿顺时针方向推动。

（4）揉四横纹3~5分钟，四横纹在小儿食指、中指、无名指、小指靠近手掌的指关节横纹处。

（5）揉腹，即在小儿的脐部及其周围用掌揉法，持续5分钟后，小儿腹部有温热感即可。

（6）捏脊3~5遍，并点按脾、胃腧穴各20次。脾腧穴在第十二胸椎棘突下旁开1.5寸，胃腧穴在第十一胸椎棘突下旁开1.5寸。

第四节　小儿保肺推拿保健

小儿保肺推拿保健具有固卫抗邪、宣肺利窍、防感冒等作用，并调整全身功能状态。具体推拿手法如下：

（1）按揉中府。用两手拇指按揉胸上外侧，正中线旁开6寸，平第一肋间隙处之中府穴，1~2分钟。

（2）揉膻中。用三指揉两乳连线中点，平第四肋间膻中穴，1~2分钟。

（3）压胸。用掌相叠，随呼吸按压胸骨数次。

（4）推胸胁。用两拇指沿两侧肋间自上而下向两侧分推 10 余次。

（5）擦揉背。先用两手拇指沿背部膀胱经，以肺腧为重点揉脊柱两侧，再用手掌从中向两侧擦背 10 余次。

（6）捏揉上肢。沿上肢内侧肺经循行线，由上至下顺序按揉 1～3 分钟。

（7）拉提上肢。两手点按鱼际穴（第一掌骨桡侧中点），向下牵拉上肢并上提数次。

（8）按揉曲池、外关。用拇指按揉曲池穴（屈肘，肘外横纹端）、外关穴（腕背横纹上 2 寸，尺桡骨之间）各 1 分钟。

（9）叩胸背。用虚掌轻叩胸背部 10 余次。

第五节 小儿健脑益智推拿保健

婴幼儿时期是人一生中脑实质增加最快和脑细胞分化最快的时期，脑的发育比身体其他部分的发育快许多。如果在这段时间内对小儿进行健脑按摩，将促使小儿更加健康地成长。

中医认为，小儿先天不足，发育迟缓，往往是由肾虚而导致的。因此，小儿补肾和健脾一样，是很重要的一环。补肾之精气，肾气足则脑髓充，可在一定程度上提高小儿智力，使小儿身心健康、精神愉快，并对小儿“五迟”（立迟、行迟、发迟、齿迟、语迟）、“五软”（头项软、口软、手软、足软、肌肉软）等发育障碍或发育迟缓的疾病，有一定的保健治疗作用。具体推拿手法如下：

（1）轻捏小儿的脊柱 6 遍，配合按揉背部 3 分钟。

（2）用中指指端轻揉小儿的太阳穴处 100 次，用两拇指自眉头向眉梢分推 100 次。

(3) 用拇指按揉头顶正中线与两耳尖连线的交界处（百会穴）1分钟，注意避开前囟处。

(4) 用拇指、食指与中指对称用力点揉肩部筋肉1分钟。

第六节　小儿安神推拿保健

小儿的神经系统还没有完全发育成熟，性情怯弱，对外界刺激很敏感，容易产生强烈的反应。若惊触异物或突闻异声，易受惊恐，甚至惊厥。

现代社会，也有些小儿因为营养过剩，体质偏热，热盛则易引动肝风，甚者会发生抽风。即便是健康的小儿，睡觉时或游戏时，突然听到较强烈的响声刺激，也会发生惊悚。后果严重者表现为心烦易躁、易哭、盗汗，易受惊吓，睡觉困难或睡后翻来翻去等。安神保健推拿是小儿比较常用的保健方法，有助于心神安宁、改善睡眠，使小儿少受外界环境变化的影响。具体推拿手法如下：

(1) 引天河水300次。即推拿人员沿小儿前臂内侧正中线（自腕至肘成一直线）用食、中二指由腕推向肘。

(2) 清肝经200次。将小儿食指伸直，由指尖向指根方向直线推动。

(3) 补肾经200次。肾经在小指面的指腹，沿顺时针方向旋转推动。

(4) 补脾经200次。脾经在大拇指面的指腹，沿顺时针方向旋转推动。

(5) 按揉百会100次。百会穴在两耳朵尖连线的中点处。

(6) 按揉神门200次。神门穴在对应小指的腕横纹上。

(7) 叩拍督脉2~3分钟。食、中、无名三指并拢，轻而有节奏地叩拍小儿督脉，自大椎而下，直至尾椎部。

(8) 捏脊3~5遍，并点按心（在第五胸椎棘突下旁开1.5寸）、肺、肝腧穴（在第九胸椎棘突下旁开1.5寸）。

第七节 小儿肩关节推拿保健

肩关节是人体活动范围最大的一个关节，易受损伤。在日常生活中除了多注意防护外，还可以通过推拿增强小儿肩关节的稳定性，防止脱臼。具体推拿手法如下：

（1）拿揉小儿的上臂，按揉肩胛部肌肉。

（2）小儿屈肘，推拿人员一手捏拿小儿肩部，另一手捏拿小儿肘关节并做内旋、外旋活动。

第八节 小儿指腕关节推拿保健

指腕关节是人体平时使用最多的关节，十分灵活。小儿在玩耍时，指腕关节易发生外伤或劳损，经常对小儿的指腕关节做一定的推拿，可以防止小儿指腕关节损伤。具体推拿手法如下：

（1）小儿取坐位，推拿人员用手指轻揉小儿的指间关节约 10 遍。

（2）拿住小儿的手指远端（手指尖一端）做腕关节的屈伸运动和旋转运动数次。

（3）在小儿手指部肌肉处来回摩数遍。

第九节 小儿膝关节推拿保健

膝关节是人体的主要负重关节，小儿还处在生长发育阶段，膝关节的稳定性较差，加之天性好动，经常跑跳，易受损伤。为了使小儿膝关节少受损伤，推拿人员可对其膝关节做一定的推拿，以增强小儿膝关节的稳定性和灵活度。具体推拿手法如下：

（1）小儿取仰卧位，推拿人员用双掌按在膝关节上搓揉，以局部发热为度。

（2）小儿取俯卧位，推拿人员拿捏小儿的小腿和大腿背侧肌肉数遍。

（3）轻轻提起小儿的小腿，反复做膝关节的屈伸动作数遍。

第十节　小儿踝关节推拿保健

由于婴幼儿踝关节周围肌肉力量弱，在运动时易引起踝关节扭伤。为了避免扭伤，推拿人员平时可在踝关节部位进行一定的推拿，以增加其稳定性。具体推拿手法如下：

（1）小儿取仰卧位，推拿人员用双掌握住内外踝关节，揉 5 分钟。

（2）推拿人员一手托住小儿的脚跟，另一手握住其足前部，轻轻旋转摇动踝关节。

（3）小儿取俯卧位，推拿人员用多指拿捏小儿的小腿背侧肌肉和跟腱部数遍。

（4）最后，搓揉小儿足心 5 分钟。

更多育儿图书推荐 ▶▶▶

《陪伴是最好的爱
——130个亲子创意启蒙互动游戏》
定价：78.00元

美国亚利桑那大学教育学出身的李杏，历时4年，根据孩子不同成长阶段的发育特点设计了数百个游戏，本书精选了其中的130个，游戏类别涵盖感官训练、精细能力与大运动发展、逻辑与数学、艺术启蒙、语言表达能力、科学实验和生活技能。除了130个游戏之外，本书还列举了0~1岁宝宝的100个日常互动方法，可以说是一本“陪娃宝典”。

《营养学》
定价：45.00元

本书是叶松铃教授汇集整合了台湾13位资深营养学教师及营养师的实务经验设计编撰而成。书中不但介绍了醣类、蛋白质、脂质、维生素、矿物质与水分等主要营养素的组成、种类、特性、功能、消化、吸收与代谢以及能量代谢等基本学理，还讲述了从怀孕、哺乳、婴幼儿到老人等各个不同生命期的营养问题及解决方案。

《幼儿习惯养成教育实践手册》
定价：45.00元

本书整合了3~6岁幼儿生活卫生习惯、交往习惯和学习习惯的目标体系和培养内容，幼儿养成教育的原则和策略、方法，以及教师实操教学案例、活动实录以及歌曲，对幼儿园教师和年轻父母都有一定的借鉴意义。